陪孩子终身成长

樊登 著

中国友谊出版公司

图书在版编目（CIP）数据

陪孩子终身成长 / 樊登著 . —北京：中国友谊出版公司，2020.4（2020.6 重印）

ISBN 978-7-5057-4873-6

Ⅰ . ①陪… Ⅱ . ①樊… Ⅲ . ①儿童教育—家庭教育 Ⅳ . ① G78

中国版本图书馆 CIP 数据核字（2020）第 036195 号

书名　陪孩子终身成长
作者　樊　登
出版　中国友谊出版公司
发行　中国友谊出版公司
经销　新华书店
印刷　河北鹏润印刷有限公司
规格　880 × 1230 毫米　32 开
　　　8.75 印张　180 千字
版次　2020 年 4 月第 1 版
印次　2020 年 6 月第 4 次印刷
书号　ISBN 978-7-5057-4873-6
定价　59.00 元
地址　北京市朝阳区西坝河南里 17 号楼
邮编　100028
电话　（010）64678009

如发现图书质量问题，可联系调换。质量投诉电话：010-82069336

自序

你必须成长，才能陪孩子成长

因为介绍了一些家庭教育方面的知识，很多家长便把我当成了家庭教育的专家，总喜欢问我关于孩子的问题："我儿子不爱学习，该让他看什么书？""我女儿自律性差，应该读什么书？""我儿子做事缺乏耐心……""我女儿脾气暴躁……"……

被问得多了，我就总结出了几条规律：

第一，在家长眼中，孩子的问题是无穷无尽的。孩子不爱说话，家长便希望他外向；孩子外向了，家长又觉得他太调皮了；孩子很乖，但是不爱学习；爱学习，可是没朋友；朋友多，却不懂得筛选……总之，家长的担心和焦虑无穷无尽，谁也不用羡慕谁。

第二，大部分家长看不到孩子的行为和自己的教养方式之间的联系。家长总希望给孩子找到一个药方，甚至不惜花大价钱把孩子送去各种训练营集中“修理”，也不愿意想想是不是自己做错了，可不可以改进和弥补。

第三，大量家长都是在看到孩子出现各种各样的“问题”的时候才着急上火的。在孩子 3 岁以前，基本上用简单粗暴可以搞定的时候，家长都不会求助于人、求助于知识。但事实上，塑造一个孩子的性格最重要的时间就是 3 岁以前。孩子 3 岁前，你做对了，孩子 3 岁以后，你就会非常省心、省力。当然，这并不意味着之前你做得不够好，孩子长大了，你就没机会了。家长随时有改变，孩子都能感受到，并且给出积极的回应，因为“孩子爱我们，远胜过我们爱孩子”！

所以，这本书我想写给所有为孩子操心的父母。你的焦虑和担心并不会让孩子突然变得更好，因为焦虑和担心只是本能，能够帮助孩子活下去，但难以让他适应现代社会。社会化的过程是抑制原始本能、增加社会能力的过程。在适应现代社会的过程中，家长需要给孩子的是知识、耐心和爱。

简单体系的知识还不够，不能把孩子当作一辆汽车去组装。家长要具备复杂体系的知识，知道孩子更像是一片森林，而不是一辆汽车。他不能通过机械化的手段切割、打磨、挤压、组装，否则，我们最后得到的就是一部考试机器：会考试，能拿高分，但是对知识没热情，对人也没感觉，不爱社会，不爱家人。

如果你相信孩子更像有生命的森林，就要允许他用自己的方式成长。你能给予的是阳光、雨露、适当的肥料、陪伴和耐心。最终，他长成的样子 定和你设想的不一样，但一定有惊喜。我们又何曾是老老实实按照父母规定的路线成长的呢？

在这个过程中，家长最可以使劲儿的地方，是自己。如果孩子意识不到成长是自己的事，我们只能等待和示范，而不能代替他安排生活。不过，我们对自己的生活是可以安排和改变的。我们把重心放在自己身上，孩子就会觉得轻松，也能感受到改变是可以真实发生的。

通过您的改变，让孩子对学习和改变有信心，对爱有信心，这就是陪孩子终身成长的含义。我不仅仅关心孩子，更关心您！

目　录

第1章

第2章

第3章

三大支柱，重建亲子关系模式

在冲突中寻找解决方案

第9章

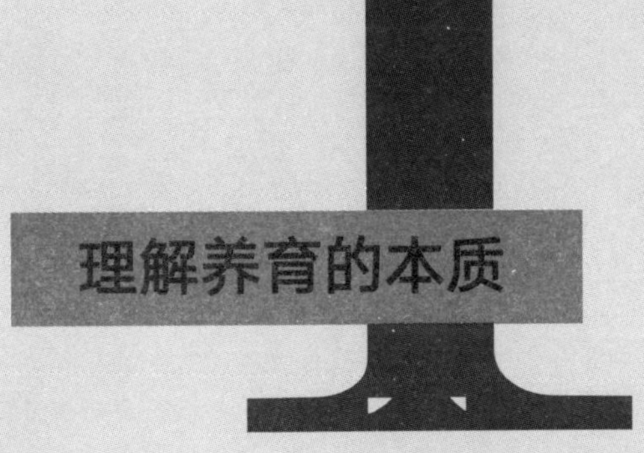

1 理解养育的本质

第 1 章

为什么说亲子关系决定孩子的一生

孩子是父母的“复印件”，我们每个人和世界的关系问题，都能从童年和父母的相处方式中找到答案。

和父母相处的方式，也会投射到一个人的行为习惯、思维模式、情绪处理方式，以及与他人相处的模式上。

孩子在成长过程中，受父母的影响是最大的。

这也就是我们要如此重视亲子关系的原因——养育方式真的能影响一个人的一生。

亲子关系，决定了我们与世界的关系

一个人和父母的关系就是他和整个世界关系的投射。

有一天，“樊登读书”的一位会员不远千里地跑来找我，向我倾诉她的事业困惑。

她原本从事媒体行业，后来转行进行内容创作。她做内容很到位，在知识付费平台为所服务的公司创造了上百万的效益。

后来，她成立了自己的公司，规模不算大，需要她亲自去谈判。

奇怪的是，所有的谈判，到最后都谈不成。她不明白这是为什么。

我详细了解了她谈合作的细节。对方开始和她谈价格的时候，她会给出一个正常的报价。但是，当对方试图问“价格上能不能稍微便宜一点儿”时，她就进入了另一种模式。她内心充满了负面情绪，认为对方不尊重自己、不尊重知识。

于是，她用各种各样的方法来“捍卫自己的底线”：知识产品并不是白来的，而是饱含心血的。有时候，她会生气地拍桌子；有时候，她表面上继续温文尔雅地谈话，但内心深处已经埋下了要和对方决裂的伏笔。

她把所有商业谈判中的讨价还价都归结为：对方不尊重自己。

这就是整件事的最大问题：用道德来评价所有正常的博弈行为，结果就是和任何人都无法合作。

她问我：“樊老师，你也经商，但你跟人合作都挺愉快的，你是怎么和别人谈判的？”

我先问了她一个问题：“你跟你爸妈的关系怎么样？”（很多人遇到困难找我聊天的时候，我通常会问的第一个问题，就是原生家庭中的亲子关系。）

她愣了一下，但还是诚实地说：“不怎么样。”

我问：“有多不怎么样？”

她说：“相当不怎么样。”

那么，不怎么样到什么程度呢？

她小时候很爱漂亮。有一次，奶奶送给她一条漂亮的牛仔裤。她特别兴奋，很想马上穿上。这时，爸爸到她的房间，严肃地说：“上学不能穿这条裤子。”

她就跟爸爸讲：“我想穿。”（这是一个特别可怜的小女孩在表达自己的渴望。）

爸爸的做法是什么呢？他直接拿起剪刀，把牛仔裤彻底剪坏了。

直到现在，每每想起这条牛仔裤，她都会难受得想哭。

她工作后，第一个月挣的钱全部买了牛仔裤。牛仔裤都被整整齐齐地放在柜子里，她一次都没穿过。

这就是小孩子的报复方式，也是小孩子保护自己的方式。

孩子跟父母对抗的方式，通常是被动的、隐秘的。他不敢正面跟父母起冲突，但他的内心会形成巨大的压力。

如果父母习惯了对孩子严厉苛责，孩子长大后就容易把所有的挑战、压力、批评，甚至一点点讨价还价，都视作道德问题，误会别人说的话、做的事，误认为对方的动机是瞧不起自己、不尊重自己。

有的孩子总被父母上纲上线地“教育”，一点点小事也被父母提高到“你是一个什么样的人”的高度。比如，贴上“你是一个不尊重父母的人”“你是一个不爱学习的人”这样的标签。

我几乎每天都能遇到咨询亲子关系问题的家长。

常见的是：孩子不好管，孩子一做作业，我就发飙、生气。

表面上看，父母关注的是孩子的作业，实际上，这个问题的核心来自父母自身。关注一件事的表现方式有很多种，但这些父母选择了发飙和生气，这是因为他们自己还没长大。这样的父母，童年时往往总是被压迫、被欺负，他们的内心就是一个遇到困难无处倾诉的软弱、无助的孩子。

所以，我再次强调我的观点：一个人和父母的关系就是他和整个世界的关系。

现代自我心理学之父阿尔弗雷德·阿德勒（Alfred Adler）曾说过："一切烦恼都来自人际关系。"人无法脱离人群、社会而独自生存，每个人只需要处理好两种关系，就能与世界从容相处。

第一种是自己和父母的关系。

第二种是自己和其他人的关系，包括与伴侣、孩子、同事、合作伙伴等的关系。

第二种关系是第一种关系的投射。

一个人的人格是怎么塑造出来的呢？

我在"樊登读书"分享过《父母的语言：3000 万词汇塑造更强大的学习型大脑》（*Thirty Million Words: Building a Child's Brain*），这本书的作者之一达娜·萨斯金德（Dana Suskind）是一位儿科教授。书中仅仅分析父母与孩子交流时的词汇量和说话的方式，我们就会发现，这些细节不仅会影响孩子的数学、空间推理和读写能力的发挥，还会影响孩子约束自身行为和应对压力的能力，甚至孩子的毅力和道德品质也会受到影响。

父母对孩子的影响之大，超越了人们的想象。

父母对孩子的影响是最大的

有很多人在质疑父母对孩子的影响是不是真的那么大。很多专家也认为，不要给父母施加那么大的压力了，很多孩子的问题，是被同伴、老师所影响的。

同伴和老师的影响肯定会存在，但根据我的经历和我在生活中跟很多朋友的深度交流，我不断地验证后发现，孩子跟父母的关系是最核心的关系。

《父母的语言：3000 万词汇塑造更强大的学习型大脑》的作者认为，“孩子一生的学习、行为以及健康状况都建立在与父母积极的、相互回应的、礼尚往来的基础之上”：

> 马萨诸塞大学著名心理学教授爱德华·特罗尼克（Edward Tronick）曾在网络视频上完成了一个让人难忘的“静面实验”（面无表情实验）。这是个关于宝宝社交需求的

例子，让人感触颇深。

视频中，一位年轻的妈妈将她的宝宝扣在了一个很高的椅子上，然后跟宝宝一起嬉戏。然后妈妈突然背对孩子，当她再次转过来时，面部一下子犹如一张白纸，毫无表情。宝宝满脸茫然地盯着她，紧接着宝宝的面容如阳光般灿烂，他手舞足蹈，伸手蹬腿，尝试用各种方法引起妈妈的回应。当宝宝意识到这纯属徒劳时，便耷拉着小脑袋开始号啕大哭。这一幕真的让人难以置信。

接着，我们看到妈妈开始焦虑，束手无策。最后，她苍白的面部又恢复到了之前慈爱温柔的妈妈的模样，宝宝也马上就又高兴起来了。

……长期生活在“面无表情”或更糟糕、充满愤怒或是怀揣敌意的环境中，这肯定是无法在短短的几秒钟时间内就能用一个拥抱弥补的。

现实生活中，比“面无表情”更严重的伤害比比皆是。

此外，书中还分享了一项认知社会学家贝蒂·哈特（Betty Hart）和托德·里斯利（Todd Risley）进行了三年研究工作所得到的数据：

在一个小时内，高社会经济地位家庭的孩子平均听到的单词数量是2000个。贫困家庭的孩子听到的单词仅仅只有600个。另外，父母对孩子的回应也是有很大差异的。

在高社会经济地位家庭中，父母每小时对孩子的回应有250次，但在低社会经济地位家庭中，父母对孩子的回应每小时不到50次。

当然，这里还要区分父母所表达的内容，是说了更多积极的话，还是说了更多消极的话，效果是完全不一样的。

父母每天都在用语言定义和描述着孩子，很多孩子逐渐变成了父母所描述的样子。有的孩子被这些语言“驱赶”，最后成了语言里所塑造的那个人。

除了语言之外，父母的行为模式也在影响着孩子。

我们想一想，孩子和世界相处的方式是向谁学的？待人接物是向谁学的？对别人的不同态度，会如何反应？

孩子每时每刻都在学习。

孩子在与父母互动的过程中学习，如果孩子做错了事，被父母打哭了，他就学会了一件事：谁有权力，谁就说了算。父母一不高兴，就把孩子关在门外，说“我不管你了”，他孤单地在门外哭。这时，他又学会了一件事：生气的时候，要马上翻脸。

这些错误的互动方式，会让孩子的是非观、情绪处理能力等都出现偏差。

孩子是父母的“复印件”，“复印件”上的信息如果有错，一定是“原件”出了错。

父母的语言在塑造孩子，父母和孩子的每一次互动，都在影响着孩子。孩子在观察父母的反应、模仿父母言行的过程中，建立了他们的世界观。

特别值得注意的是，让孩子看电视已经是一种普遍的现象。一些留守儿童每天都在看电视，因为爷爷奶奶没体力和精力带他们去参加其他活动。还有的父母把孩子的教育“包办”给了电视机，让孩子看动画片。那么，看动画片里阳光、可爱的小熊，孩子就能慢慢成为一个阳光、健康的孩子吗？

不可能。

电视机里有故事、有语言，孩子也会模仿，但电视机是死的，不会互动。孩子模仿了动画片里的人物之后，电视机没有反应，他根本无从判断对错，也不会获得成就感，更不知道应该继续还是停止。

长期看电视的孩子会显得呆呆的，无论是表情、语言，还是行为，都会有迟滞的现象。

孩子的监护人，无论是爷爷奶奶还是爸爸妈妈，一定不要把孩子交给电视机，而要通过互动去影响和塑造孩子的性格和行为模式。

所有关系都是原生家庭关系的投射

很多人和配偶、孩子的关系都是原生家庭关系的投射。

有的妈妈一辅导孩子写作业，就立刻从满目慈爱变得张牙舞爪，一股火“腾”的一下就蹿了上来。

任何人都要小心自己出现这种莫名其妙的感觉。

记住这个词：莫名其妙。

有人问：“樊老师，我怎么总是莫名其妙地生气，世上不是应该没有莫名其妙的事吗？”

我说：“莫名其妙生气是表象，往深里探索一下，一定有潜意识在等着你。”

我的一个朋友在聊天群里说：“气死了，孩子作业不会做，我发飙了。女儿大哭，丈夫摔门走，全家人都不高兴。”

我说：“你是修养那么好的一个人，文质彬彬的，怎么就突然发飙了呢？”

她说："我也不知道为什么，一股火'腾'的一下就上来了。"

我问："你和你爸妈的关系怎么样？"

她说："我和妈妈的关系还不错，但爸爸很凶。记得小时候，只要作业做得不对，他一定会发飙。我 8 岁的时候，有一次，爸爸把我的作业本当场撕碎了。"

我说："所以，当你指导你的孩子写作业的时候，就变成了当年那个 8 岁的小女孩。你的闺女现在 9 岁了，这等于是一个 8 岁的妈妈在教一个 9 岁的女儿写作业。一旦女儿出现作业做得不对的情况，你心中关于作业的所有负面感受就全部冒了出来。"

她听完，表示赞同。

很多父母常常对孩子说："你今天犯的这个错，我有没有提醒过你？我跟你说过多少遍了？"

这样的话背后的潜台词是："这事你不能怪我，要怪就怪你自己。"

这是父母在跟孩子划清界限。父母觉得自己不能被批评，因为从小到大面临批评的感觉太恐怖了，恐惧的心理已经占据了他们的潜意识。

所以，当孩子出问题的时候，父母第一时间是撇清关系，迅速找到一个可供指责的对象，这就成功了。

孩子写作业时，父母发飙往往就是如此。

父母盯着孩子，让孩子“忍辱负重”地写作业，起到的是反作用。孩子会用百分之八十的精力来应付父母，他脑子里想的不是怎么做题，而是“怎么能让我爸（我妈）别发飙”“怎么能让他（或她）别生气”。

有的孩子回家一写作业就紧张，浑身上下都不舒服，怎么可能去安安静静地学习和读书呢？

父母越凶，孩子学习的困难就越大。

还有很多父母互相吓对方，互相发如下一些信息：

一年级很重要！

为什么？

因为一年级要养成良好的学习习惯！

二年级很重要！

为什么？

因为二年级的题目变难了！

三年级很重要！

为什么？

因为三年级学的知识要和高年级衔接！

四年级很重要！

为什么？

因为四年级是孩子学习生涯的转折点！

……

试想，对孩子的成长来说，哪个年级不重要呢？孩子上每一个年级，父母都能找到吓唬对方的说法。

父母通过互相吓唬、打气，每年都紧紧地盯着孩子。而如果靠父母盯着才行，孩子的学习就真完了，就再没办法养成独立学习的习惯了。

很多孩子做作业做到晚上 10 点多，不是因为作业多，大多数情况是因为孩子边玩边做。这样肯定慢，再加上旁边有个人一直在唠叨，就更分散他的注意力了。日积月累形成的模式，就是孩子以为做作业就是要有人盯，没人盯就什么也做不了。

很多家长习惯性地选择“盯”这种方式，基本上就是把自己的原生家庭紧张的管教模式延续了下来。

和父母相处的方式也会投射到一个人与同事相处的模式里。

在工作中出现问题的时候，常常会出现这样两类人：第一类人采用包容、接纳、积极的心态，选择和同事共同承担责任；第二类人马上说“这件事我可没责任，这是别人的问题，是部门的问题，是流程的问题，是公司的问题……跟我个人无关”。

后者为何习惯性地推脱责任呢？他还是一个孩子时，在与父母互动的过程中，他犯了错就不被接纳，于是他得出了这样的结论：一旦自己被证明是错的，就不再值得被爱了。他的潜意识告诉他，一定不能认错。他从小到大最怕的就是被别人指责。

当一个人把犯错等同于不被爱，或是把犯错等同于不被尊重，把两者错误地连接在一起时，就会对自己苛刻地上纲上线。

我们每一个职场人都明白，工作中谁会不犯错？只要做事就容易犯错，重要的是之后接着好好干，争取干得更好就可以了。

但是，从小受伤太深的孩子不会这么想，他认定万一出了错，自己的个人形象就会坍塌，再无法挽救了，大家都会排斥他。于是，他所有的力气都用来捍卫自己没错！这就是这个类型的人很难与同事合作的原因。

一个人如果和父母之间的关系出现了问题，他和钱的关系也会出现很大的问题。

很多人会说："我愿意努力赚钱，我渴望成功，但就是赚不到钱。"

他只是假装很努力，他的潜意识被父母施下了一个种子般的魔咒，这个魔咒就是父母曾经说的："你将来能挣到钱才怪。"

这对于孩子来说，是一种压迫性的语言，但偏偏就是有一些父母爱对孩子使用这样的语言。于是，这样的孩子从小到大都不觉得自己能赚到钱。即使他真的有机会赚到钱了，也会莫名地觉得不舒服、不适应，会想办法把钱用高风险投资的方式

“散”掉，甚至去赌博。

太多暴富的家庭或者暴富的公司，很快就垮了。究其原因，主要是他们自身与财富的关系并不融洽，缺乏长期持有财富的能力。

尤其是那些从小到大受到父母的打击，觉得自己配不上美好、轻松生活的人。

我们的思维模式，由父母决定

在我的人生经验中，世界上美好的事情，大多是轻松得来的。

如果你使特别大的劲儿，想获得一样东西，要么是因为它不够美好，要么它根本不适合你。

这个观点我和国内一位很有名的互联网公司的创始人聊过，对方也认为，真正好的东西都是轻轻松松得到的。而且，他还延展了这个观点：好的公司也是能够优雅地解决社会问题的，同事们上班都是优雅、高兴、不费什么劲儿的，不知不觉中，公司就会越做越大。

每次我说我做“樊登读书”是轻松、愉悦的，没人相信，大家都说不可能。包括我妈也不相信，她说我肯定很辛苦。

大部分人认定我必须是辛苦的，我不辛苦他不爽。

有人问：“你现在很辛苦，对吧？”

我说："我在海边度假呢。"

他说："那你终于可以喘一口气了，你看你之前多辛苦。"（对方一定要证明我很辛苦。）

很多人从小到大都没有接受到"人可以轻轻松松、快快乐乐地生活"这样一个观念。

你要问有的人："你是想轻松地成功，还是想艰苦地成功？"

答案一定是："我想轻松地成功。"

但是，你去看他的动作和行为，一定是往艰苦的路上走的。

为什么呢？因为他的潜意识里只相信艰苦能带来成功，不相信人轻松地工作，就能获得成功。

最初做"樊登读书"的时候，我想的问题很简单：我要给受众带来什么样的内容；我用一种什么样的传播方式，既能轻松地讲明白知识，受众又不会排斥。

我跟团队成员互动的时候，心里想的是：怎么做才能让团队成员成长，等他们成长得越来越好，能做到的事情越来越多的时候，可不可以独立去创业，独立养活自己……

带团队的时候，我所想的都是如何去帮助我的团队成员、渠道商、客户成功。这时候，根本不用盯着任何人、管着任何人，大家会自动成长起来，越做越好。这就是轻松的思维方式。

但是，如果换一种艰苦的思维方式，会怎么样？

很多人在管理公司时，首先想到的就是：会计不要偷我的钱，要盯住会计；员工不要贪污我的钱，要盯住员工；员工打卡上班会不会偷偷玩游戏，要想办法解决……

这用的全是父母监控孩子的那一套方法。

在这种“艰苦”的思维模式下，创业者当然累了，因为不但要盯产品、盯市场，还要盯所有的员工不坑自己。导致的结果是“假想敌”越来越多：员工与你为敌，客户与你为敌，渠道商与你为敌……生意自然越来越难做了。

第2章

远离劣质亲子关系

有人问我：“我跟父母的关系是好不了了，我想起我妈就想哭，怎么办？”

还有的父母说：“我已经对我的孩子挺好了。小时候，我爸妈对我更不好，那些不好的东西都去了哪儿？我怎么觉得好像自己还成长得挺好的。”

我问他：“你确定你真的挺好的吗？”

接下来就是沉默。

我们一起来看看，我们对孩子的“坏”，都去了哪儿。

家暴是孩子健康成长的杀手

父母对付孩子的手段真的是千奇百怪。

比如，很多父母会打孩子。

打孩子带来的问题是什么？

一个被揍的孩子，体内会分泌很多肾上腺素，因为人感受到威胁时自然会紧张。如果是孩子和孩子之间起冲突，分泌了肾上腺素，随后两人打上一架，肾上腺素就会被消耗掉，人就恢复正常了。

如果父母打孩子，孩子也会分泌很多肾上腺素，但是孩子不能打父母，所以只能被父母揍。他生了很大的气，憋着很大的火，肾上腺素分泌得越来越多，但就是释放不出来。

久而久之，这个孩子体内的肾上腺素水平会比正常人高很多。

有的家长发现管教很小的孩子特别简单、轻松，只要眼睛一瞪，孩子就害怕了，或者嗓门一高，孩子就老实了。

我遇到过一个螃蟹养殖大王，他跟我倾诉他的儿子现在有多么不好管。夸张的说法是，已经飞上墙了。

我问他能不能换一种方式。

他说："目前看来，我还能控制。"

听到他这样说，我能感受到他的自信在于：现在，他是能打得过孩子的。

但是，如果用这种控制的搏斗方法来跟孩子作战，会导致孩子体内的肾上腺素水平越来越高。

一旦出现极端的情况，会到什么程度呢？

有时候，我们看到大街上有人打架，其实双方原本没有什么深仇大恨。还有的人为一些听起来很荒唐的理由去拔刀杀人，其实他要是能冷静下来，绝不会因为一件小到极点的事情而做出如此冲动的行为。

但是，为什么那些人就是无法控制自己，就是冷静不下来呢？

因为他们的肾上腺素水平比一般人高，一点点的挑衅都会让他们像火药桶一样，"砰"的一下就炸掉了。

这就是打孩子的恶果。

为什么我们会缺乏安全感

父母有时会恐吓、威胁孩子。比如，有很多父母想让孩子考上大学，办法就是威胁，说："咱家可没钱，我告诉你，将来你能挣钱就自己养活自己，你要挣不到钱，你去要饭我也不管你。"

还会随时随地利用一切来吓唬孩子，比如看到有人乞讨，就会说："看到了吗？这就是因为没上大学。你考不上大学就跟他一样，只能去要饭。"

在这样的恐吓、威胁下，已经吓坏了的孩子有没有可能去好好学习呢？

会的。

出于对父母真实的爱，出于对自己可能上街要饭的担心，他会特别乖，于是玩命地学习，成为学霸。

但是，在这个过程中，他损失了最宝贵的东西，那就是他的安全感。

他不是为了学习而学习，而是为了不乞讨而学习。他极度缺乏安全感，所以想努力考上好大学。

等他毕业后要找工作了，他选工作的首要条件一定是要有安全感：这份工作有没有户口？有没有五险一金？会不会裁员？很多人从名牌大学毕业后，没有去开创自己的事业，而是去找普通的工作度过一生。

大部分人都对自己的工作不满意，但为什么不换工作？马云说他最讨厌那些天天埋怨公司却还留在公司里的人。

太多的人觉得自己的工作是在浪费时间和生命，不是自己的最爱，却还这么一直耗下去，原因是什么？

他们害怕不安全，怕自己即使试图改变现状也找不到新的出路，离开现在的舒适区，万一走投无路了，怎么办？

要知道，当今社会，要让自己一无所有其实是一件很困难的事。而比这更难的，是战胜自己内心的恐惧。比如，我们心里总会充满焦虑和惶恐，觉得迟早会发生一些不好的事情。这是因为，小时候父母天天在耳边念叨“你要完蛋，你要完蛋”。

以前，很多人关注“樊登读书”的发展，大部分人都会支持我们，看好我们的前景。但是，我爸说：“在全家人里，我现在最担心的就是你。”

我姐姐退休后，一个月有几千元钱的收入，为什么我爸不担心她，却最担心我呢？

他说：“因为你现在没工作。”

我很吃惊地说："我怎么是没工作呢？我还给那么多人创造了工作机会。我不但自己工作，还要给团队发工资。"

我爸说："但你评不了职称。"

评不了职称这个事实，确实是让我无法辩驳的。

因为在父母看来，安全感是要排在第一位的。他们就是在缺乏安全感的环境里长大的，自然希望自己的孩子也能小心谨慎，为自己保留一份每个月能发 5000 元钱工资的稳定工作。

他们将这种从父母身上承接而来的不安全感，投射到了子女身上。对他们来说，只有按照固定的轨迹发展，才是有价值的。

而这种思维模式，是与小时候受到父母的威胁分不开的。

带来终身恐惧的冷暴力

在亲子关系中，冷暴力是让孩子最为恐惧的一种方式。它会深深地印在孩子的脑海中，成为噩梦的一部分。

表现形式就是，父母突然之间不理孩子了。

孩子可能会不断地求妈妈："妈妈，我错了，我再也不敢了。"结果，妈妈完全没有反应。

我们试着脑补这个画面，是不是能体会到孩子发自心底的无助和愧疚？感情充沛的人，甚至会为孩子掉下泪来。

我有一个同事，他特别焦虑：公司发展得好好的，他焦虑；公司遇到了"寒冬"，他更焦虑。

我问他："你怎么这么容易焦虑？"

他说："我妈是个老师，小时候，我妈对我要求特别严。要是在班上考了第二名，回家就没饭吃。我妈会冷着脸说'我不给第二名做饭'，我每次都必须考第一。"

想想看，这是多大的压力！

这样的孩子长大以后，走上工作岗位，就会长期处于不安和惶恐中。公司发展得再好，他也会觉得自己没有别人好。即便公司成了行业第一，他也会看到别的公司某一项业务比自己的公司发展得好。就这样，他陷入了一种自我折磨的模式中。这种深入骨髓的压力和焦虑，让年纪轻轻的他睡不着、吃不好。

可以这么说，冷暴力是父母给孩子带来的终身诅咒。

对于一个孩子来讲，最大的恐惧莫过于妈妈不理他、爸爸不要他，用冷暴力的方式欺负、控制他，让他内疚。

此外，有的父母还会把孩子关在门外，或者关小黑屋，用类似抛弃的方法来管教孩子。

有的父母会故意毁坏孩子的东西作为对孩子的惩罚，比如很多人小时候被父母撕过漫画书。

还有的父母更夸张，他们非得逼着孩子自己毁掉漫画书，或者把洋娃娃剪碎，又或者亲手把最心爱的东西扔掉。

这都是很多父母惯用的，给孩子带来打击和伤害的方式。

而对于这些严重的伤害，很多父母不以为然。

为什么父母不觉得这种冷暴力有问题呢？

因为当孩子被打击、被冷落、被抛弃之后，常常不到十分钟就会主动过来求饶，说："我再也不敢了，我再也不闹了。"

孩子还会抱着父母哭，表示以后一定会乖乖的。

这时候，父母越发觉得，孩子就是非得逼自己出手才会听话。还有的父母觉得特别得意，认为自己的方法很有效，简直屡试不爽，下次还得这么干才行。而且，他们坚信这都是被孩子逼的。

有一次，我和一位同事在厦门大街上帮助过一个孩子。一个妈妈把孩子扔在车外，她自己坐在车里，踩着油门，车“轰轰轰”地响，妈妈作势要开走。

孩子吓坏了，把着车门拼命喊“妈妈”。

我们就告诉这位妈妈，再不要这样做了，因为这样做，即便短期有效，破坏的也是无条件的爱。

这位妈妈当时说了一句话：“谁让他不听话！”

这句话，也是我们经常听到的，很多妈妈常挂在嘴边的。

“谁让他不听话”到底是什么意思呢？是说，孩子如果不听话，妈妈就可以立即发飙吗？

孩子如果不听话，妈妈就可以不管他，把他扔在大街上，不要他了吗？

妈妈出手这么重地伤害孩子，唯一的原因就是她根本没有控制好自己的情绪。

如果一个成年人明明知道越发飙情况越糟，还硬是要这样做，或者总是“莫名其妙”想发飙，就是他的潜意识在起作用。

当孩子主动和父母和好的时候，大部分父母都会做出错误的总结：管孩子最重要的就是该严肃的时候要严肃，该凶的时候要凶；家里一定要有一个人唱“红脸”，一个人唱“白脸”。

很多类似的理论就是这样以讹传讹的。

实际上，孩子能主动来和好，不是父母的教育方法有效，而是孩子爱父母。孩子对父母的爱和依恋，远胜过父母对孩子的爱。

我以前为了做一档节目，帮助过一些在家庭中受到虐待的孩子。有的父母会拿烙铁烙孩子，孩子的身上全是伤痕，我们节目组带着警察和记者去救孩子。

把孩子救出来之后，警察说：“孩子，跟叔叔走。今天晚上，咱们不在家住，咱们到派出所住。”

孩子说：“不去，我不去。”

警察问：“你要去哪儿？”

孩子说：“我要回家。”

孩子还想着回家，哪怕家里有人打他，有人拿烙铁烙他，他还是要回家。孩子对父母的依恋，是绝对天然的情感，难以割舍。

我常听有的家长说，父母爱孩子当然比孩子爱父母多。我就问他：“那你试试看，你儿子把你打一顿，过15分钟，你能跟他和好吗？”

因为孩子对父母是纯粹的爱，他们才能轻易地原谅父母，但也正因如此，他们总会轻易地被父母控制。

那些藏在潜意识里的童年创伤

斯德哥尔摩效应，指的是人质被绑架后，生死操控在劫持者手里，慢慢地，人质有可能会爱上绑匪。

家庭中也会有这样的现象发生：父母对孩子越不好，孩子反过来对父母越好。表面上，一切都是正常的，但实际上，所有的伤痛不会平白无故地产生，也不会平白无故地消失。

伤痛去了哪儿呢？去了人的潜意识里。

孩子一天一天长大，从外表看起来光鲜亮丽，顺利地上大学、找对象、结婚——一切看上去都没有问题。

但在潜意识里，只要一遇到某件小事，也就是他在小时候曾感受到的对他伤害最大的类似的小事，他就会立刻变得敏感，情绪突然爆发。

克里斯多福·孟（Christopher Moon）在《亲密关系》（*Relationship: Bridge to the Soul*）中，把这类情况论证得清晰

而到位。

书里有这样一个案例：

约翰和玛莉住在一起，本来一切都很好。

慢慢地，约翰发现了一个小问题，玛莉总是把洗手间弄得很乱。约翰一开始还不怎么生气，会用开玩笑的语气和玛莉沟通，让她去打扫一下。

结果，当他发现说了很多次都无效后，就越来越生气。后来有一天，他真的爆发了。

约翰和玛莉越吵越激烈，矛盾上升到去攻击对方，他们都认为对方是自私的人。

乱扔东西，好像是一件很小的事情，看上去不过是两个人生活习惯不太一致而已。那么，约翰为什么因为这样一件小事而情绪失控呢？

原来，约翰出生在一个兄弟姐妹很多的家庭，这让他从小就感觉自己在家中缺乏存在感。他在饭桌上讲话，总是好像没有人听见，他的生日也没有人记得。他经常会觉得自己被忽略了，好像整个家都看不到他的价值。

成年后，他在寻找伴侣的时候，特别希望对方能重视他、懂得倾听他，把他的话放在心上。让他生气的，其实并不是生活习惯不一致，而是他认为玛莉忽视他，这才是重点。这件事情揭开了他童年的创伤，他潜意识里觉得：怎么又遇到这样的事？怎么又把我的话当耳旁风？！

而这一切，都发生在约翰的潜意识里，他并没有这样的逻辑思维。他如果真的想到了这一层，就能解决这个问题了，他会意识到，这种莫名其妙的情绪是由童年的创伤引发的，就不会为这件事特别敏感、愤怒了。

在亲密关系中，我们有时候会看到配偶表现出让我们很难理解的行为。比如，对某一件小事敏感到不能触碰，一提就炸。如果你的伴侣出现了类似的情况，那一定是引发了他潜意识里的无价值感和不安全感。

再说说这个案例中的另一个人——玛莉。玛莉的父母让玛莉获得了很多关注，但这种关注是极其严格的。比如，如果她乱放玩具，爸爸就会把玩具丢进垃圾桶里，或者一个月都不许她玩，以示惩罚。这种方式，对孩子来说是极其可怕的，而玛莉从小到大都被这样管束、惩罚，她认为这样严厉的管教是没有爱的表现。

她觉得父母根本不爱她，竟然可以为了一个地方的整洁，就直接夺走她最心爱的玩具。

这种伤痛，她小时候可能不会表达，但是长大以后，她就希望能找到一个跟她父母对待她的方式不一样的男人。

她不会故意把卫生间搞脏、搞乱来考验约翰，但这一切发生在潜意识里，影响了她的行为。

比如在生活中，有的人总喜欢磨磨蹭蹭。这可能是因为他小时候父母总是在时间上催促、唠叨、惩罚他，所以，他在成年后反而更加不守时。尤其在婚姻中，伴侣一旦在这件事上触发了跟他父母同样的模式，不断地催促他，他就会感到难过、愤怒和无助。

吵架的时候，如果两个人在潜意识的层面不断碰撞，最终的结果一定是伤心、麻木、分手。

书里还讲到了一对情侣，他们为美国下任总统会是谁而吵架。有趣的是，他俩没有一个人去投票，而且只有一个人有美国国籍。

他们之所以吵架，并不是真的关心谁是总统，双方的矛盾其实来自他们的潜意识，源于他们小时候与父母相处时所受到的创伤。可以理解为，是两个受伤的小孩子在吵架。

如何用正确的争吵方式避免伤痛，是这本书的核心。

正确的方法是什么呢？答案是建设性地吵架。

如果我们能直面内心的伤痛，能意识到所有的不满都跟童年所遭受的伤痛有关系，吵架就会有建设性。

比如，约翰说："我对这种事特别敏感，主要是因为我小时候总是被忽略。我觉得我仿佛又回到了小时候，我怎么说话都没人听。这不是你的问题，这是我自己的问题，我太需要被人倾听了。"

当约翰能说出这样的话时，他就知道这个问题不是配偶的问题，而是自己内心的缺失所致。

玛莉如果说："你每次这样指责我，我都觉得特别有挫败感，因为从小我的父母就是这样严格地对待我的。只要我把东西放错了地方，他们立马就会把它扔掉，我觉得他们根本就不爱我。所以，当你说这样的话的时候，我的内心会觉得我配不上你，我觉得特别自卑。”

当玛莉坦诚地表达自己的伤痛时，对方可能就会说：“我怎么会不爱你呢？我很爱你！”

两个人也便开始回归到了建设的层面。

在伴侣间的争斗中，愤怒的表现方式有很多种：

第一种表现是攻击，比如直接发火、争吵。

第二种叫“情绪抽离”，比如很多男人经常用不说话、冷冷的目光，让对方心寒。

第三种是被动攻击，女人用这种方式比较多。比如，老公在结婚纪念日回家晚了，老婆一个人难过、沮丧。老公说：“亲爱的，有什么话，你跟我说？”

老婆说：“不要紧，没啥事，反正结婚纪念日不重要，我这个人也不重要。”

以上是婚姻中常用的回应愤怒的方法。

克里斯多福·孟认为，两个人最近的距离是面对伤痛。如果你能直接面对自己心中最深层次的伤痛，就找到了解决你们矛盾的最好方法。

比如，约翰和玛莉为了电费单吵架，我们来重现一下他们吵架的场景：

玛莉说：“电费单比上次多2000美元。”

约翰说：“我知道，咱们用电的时间变长了。”

玛莉说："这样下去，我们就没有钱去度假了。"

约翰说："我们当然可以去度假呀，只要我多加点儿班就没问题了。"

玛莉说："那我们在一起的时间就更少了，你现在加班已经够多了，我们几乎很难见到面。"

约翰说："宝贝，我们天天都见面的。我们住在一块儿，怎么会见不了面呢？"

玛莉说："可是，我们很久都没有一起出去了，也没有一起做一点儿什么事情了。"

约翰说："我们上周才一块儿出去吃过晚餐。"

玛莉说："我们两个人独处，都只是待在家里看录像带，要不然就是去朋友家里吃晚餐，感觉好像结婚很久的老夫妻一样。"

约翰说："那我们这个星期五就去吃呗，我和你，咱们去亚曼尼餐厅吃最好的高级晚餐。"

玛莉说："约翰，你实在太不切实际了，我们负担不起的。"

最后，约翰说："那好吧，那我出去买牛奶。"

他走了，抽离、逃避了。

就这样，从一张电费单慢慢地延伸到了这一步。

生活中的吵架常常如此，从一个话题吵到另一个话题，最后得出的结论就是对方不爱自己，因为他没有满足自己的需求。

约翰和玛莉都不愿意面对电费单所勾起来的内心早期的伤痛，约翰如果能学会去面对这件事情的话，就不会把话题从一张电费单扯得那么远了。

洞悉了亲密关系原理的人大致会做如下处理：

约翰说："我们当然会去度假，只要我多加点儿班不就没问题了吗？怎么了玛莉，你还好吗？"当约翰说"你还好吗"这句话的时候，他就已经开始倾听了，他希望听听玛莉的心声。

玛莉说："我不好，我觉得很生气。这张电费单真的让我很烦恼，我觉得这样我们的生活永远没办法改善。"玛莉不是在说对方，她是在说自己的感受，她在把自己的感受讲出来。

约翰用了同理心倾听，说："我了解，亲爱的。电费单让我也很烦恼，但是我不希望我们的周末就这样毁了。我希望我们能出去玩玩，这是我们应得的呀。这样吧，也许星期一我可以要求加薪。"

玛莉说："不。"因为要求加薪这件事，跟她内心的伤痛没关系，它只是约翰的下一个行动，这并没有解决玛莉的问题。

玛莉说："真正困扰我的并不是电费单，也不是你加班太多了。这个问题我已经遇到过很多次了，从出生到现在，我一直都觉得自己像个失败者。"

这种挫败感，就是压垮骆驼的最后一根稻草。当你没有钱的时候，会发现一张 2000 美元的电费单真的能把一个人搞疯。

在《当幸福来敲门》（*The Pursuit of Happyness*）这部电影里，任何一张账单都足以让观众跟着主人公一块儿揪心，觉得无法承受。这比上次多 2000 美元的电费单，让玛莉觉得自己是一个失败者。

这时候，玛莉并不是在责怪约翰，而是在揭开自己内心伤痛的部分。只要你不责怪对方，就有机会察觉对方的心路历程。

约翰说："听起来，你好像觉得自己没有什么价值。我希望你明白，你在我心中有很重要的地位，你是我生命中最珍贵的。"这时候，约翰是更仔细地进行了同理心倾听。

玛莉说："谢谢你，我真希望自己也能有这种感受。从小时候开始，我就一直觉得自己没有价值。"这时候，她已经不再说"我一直都觉得自己像个失败者"，而是直接用了"我觉得自己没有价值"。你看，剖析得非常深入。

她接着说："不管我怎么努力，还是会觉得自己只是父母的负担。尤其是我父亲，我已经在他面前尽力做个好女儿了，可是每次他不得不买新衣服或别的东西给我的时候，总会唠叨说他花钱太多，我觉得非常非常……"

约翰说："没人爱吗？"

玛莉说："没错。"

约翰说："我理解你的感受，我母亲也让我有同样的感受，她总是抱怨我们没有钱。她几乎没有对我笑过，也不在乎我，就好像我在她眼里一点儿价值都没有。我经常有这样的感觉，觉得自己完全没有价值。”

玛莉说：“我也是。”

当两个人开始面对自己内心早年间的伤痛时，他们会帮助彼此，来抚慰对方。反过来，如果每个人都回避自己的问题，不去面对问题，你就会觉得生活中的任何一件事都是针对你的，都是对方故意跟你过不去。

最好的方法是，用爱来回应所有的伤痛。当你知道对方内心有伤痛时，其实能激发你给对方更多的爱。因为你要相信自己，当年遇到他是缘分。你要去调动自己早年间的回忆，把爱重新勾起来，用爱来回应对方心中的伤痛，而不是简单地指责。

我们寻找亲密关系的过程，实际上是在试图弥补我们童年时期受过的伤。

在婚姻中吵架，说理应该是最糟糕的，我也犯过这样的错误。我掌握了很多理论，所以会用理论来剖析我的家人，告诉他们从理论上讲应该怎样。这种话讲完后，大家反而更加生气。其实，只要用爱来抚慰伤口就好了。

我和我太太之间也是如此。我太太经常迟到，我一直认为是时间管理的问题，我教给她很多时间管理的方法。

后来，有一次回到家跟我岳父、岳母聊天的时候，我才发现问题根本不在于时间管理，而在于她的妈妈是怎么教育她不迟到的。我岳母教育她不迟到的方法，就是反复提醒，在她做得不好的时候反复强调，问题严重了就严肃批评。

每天早上一起床，就开始催促："快点儿，快点儿，要迟到了，这么磨蹭可怎么办？"想逃都逃不开。

这并不是恶意的，却会把一件错误的事放到极大，并启动负面思维。比如，长此以往怎么办？这个问题不解决，发展到了极端的情况怎么办？

我太太小时候出门上学时，爸妈一定会亲自把她送到校门口。这时候，他们才松口气，说"再见"。

如果一个孩子在时间管理上用的是这样的方式，并且到达了这样的程度，那么他潜意识里会对迟到这件事极其敏感。比如，女孩子可能会在找男朋友的时候用迟到的方法来考验男生。

潜意识不是显意识，即使迟到了，对方还能对自己好，潜意识就是想通过这种方式来验证对方很爱自己，比爸妈对自己要更宽厚。

把迟到当成了一块试金石，那么她心中想的就永远都是"你得等我，你不要着急，也不要生气"。万一你不接受她迟到这件事，她立刻就会愤怒，原因是你触动了她心里最敏感、最柔软的部分。

所以，我慢慢地学会了在她迟到的时候耐心地等她。

等她的大量时间，我都用来看书，毕竟总不能无所事事地看着时间溜走。凡事要往好的方向想，用积极的方式应对，这也是一种反脆弱。在等她的时候看书，现在看来，这是为做“樊登读书”做准备。这就是在一个看起来不好的状态里，慢慢地把一件被动的事变成了主动的事。

当我能理解我太太内心的痛苦和渴望时，我帮她改掉迟到的方式，就再也不是催她，而是想办法给她自信心、给她鼓励、给她空间。

如果一个人的内心不够完整和强大，就无法体会到家庭带来的乐趣，也体会不到弥足珍贵的小确幸。那样的人，不论跟谁在一起生活都不会满意，毕竟对方不可能是完美的，也没有人是只为你打造的。如果有人真愿意为你解决所有的烦恼和困难，他会生活得很累。

所以，当一个人内心不强大，不能够发现生活中的美好，不能够自己寻找和感受快乐时，对面的人怎么换都没用。正如不会游泳的人，怎么换游泳池，还是不会游泳。

而当一个人可以主动修复自己潜意识里的伤害，积极解决问题，去改善和父母的关系、重新认识和父母的关系时，就会发现，父母对自己还是有很多给予的。

对待婚姻也是如此，我们会发现，原来伴侣也给了自己很多，缘分是如此神奇。茫茫人海，两个人本来毫无关系，谁也不用为谁负责。我原来住在这里，你原来住在那里。后来竟然相遇，产生爱情，一起生活了这么多年，还有了一个孩子！哇，生活怎么这么好。

如果一个人本身就是完整的，拥有完整的爱，那么，伴侣给的将是值得珍惜的一切。但是，如果你指望通过对方来弥补自己所缺失的部分，没有对方就活不了，那就意味着，你认定自己的内心有巨大的空洞，这件事只能靠对方来弥补。这样，爱到最后就变成了控制。

爱和控制是有完全不同的感受的：爱一个人，是希望他好，希望他开心，希望他快乐；控制一个人，是要求对方只能按照自己希望的方式快乐，占有欲会很强。

每个人痛苦的时候都要学会反思，是不是自己的内心并不完整。如果你真的足够强大，就会发现别人无法左右你的幸福。卡尔·荣格（Carl Gustav Jung）说："潜意识如果没有进入意识，就会引导你的人生而成为你的命运。"

比如，有的人莫名其妙得罪人，莫名其妙发脾气，莫名其妙伤害孩子，莫名其妙迟到，莫名其妙喜欢买东西……这很可能都是因为他的潜意识有问题，只是他暂时没有意识到它。

没有意识到就无法去改变，最后的结果就是潜意识成为一个人的命运。

父母要意识到，所有对孩子的伤害，最终都会进入孩子的潜意识，影响他的一生。唯有改变自己，改变婚姻、工作和与孩子的互动，才可以弥补潜意识中的缺陷。

在同一个家庭中，亲子关系模式往往会出现"代际遗传"。如果孩子发现自己与父母的关系不健康，那么，通常说明父母与他们的父母（爷爷奶奶、外公外婆）的关系也是有问题的。

到底该由谁来解决这个问题呢?

绝对不要等父母去改变，也不要等自己的孩子来改变，因为一个人的人生是自己的，解决一系列问题的关键在自己。

如果你能发生改变，恶性循环就可能从你这个节点开始变成良性循环，整个家族的命运都会由此而改变。

第3章

养育是复杂体系

养育是复杂体系。

养育孩子，绝不是“别人怎么做，我照做就行”这种简单粗暴的逻辑就能概括的。每个孩子都是独立的个体，都有自己的感受，都需要被尊重、被理解。

当父母误以为教育孩子是简单体系，用机械化的模式来应对时，孩子的生命力就会被扼杀掉。

养育孩子，本质上是一个复杂体系

养孩子是一件复杂的事，但大人通常只用简单的手段。

“简单的手段”听起来很容易理解，很多人觉得“简单的手段”是指对待孩子的态度太简单粗暴了。

没有那么简单，养孩子是复杂体系。

我们从小到大所受的教育几乎都是在简单科学的范畴之内进行的，甚至微积分、高等数学、概率论、牛顿力学，本质上都是简单体系。

那什么是“复杂体系”呢？

我们可以通过了解还原论来了解复杂。还原论的核心是我们如果知道一个事物的每一个侧面、每一个细节，就一定能知道这个事物的全貌。

还原论能解决的是简单的问题，比如想搞清楚汽车是什么样的，就要搞清楚底盘、轮子、发动机、变速箱、电动机、车壳、电子系统等。把每一个系统都搞清楚了，再用全世界最好的技术将装配过程搞明白，整辆车就被理解得差不多了。

这就是简单系统，简单系统的特点是可追溯，能够找到因果关系。比如，上游做了改变，下游就能看出反应。

提到简单系统的世界观，就不能不提到艾萨克·牛顿（Isaac Newton）。牛顿的三大定律的厉害之处是不仅能适用于地面上的物体，对天上的行星也同样适用。数学家拉普拉斯（Pierre Simon de Laplace）在1814年甚至断言，根据牛顿的定律，只要知道宇宙中所有粒子的当前位置和速度，原则上就有可能预测出任何情况。

人们学习牛顿力学，用他的研究成果解决了很多问题。人们越来越发现牛顿的正确之处，于是，人们越来越相信，肉眼可见的世界里，牛顿力学是普遍适用的。

于是，人们天然地容易成为牛顿的信徒。

但是，也容易成为“简单”的信徒，并逐渐养成一种思维方式：机械论和还原论。

人们在机械论和还原论的影响下，看到一个东西，首先想到的是怎么把它拆分成一个个部分，再怎么把每个部分都做得更好，做好以后组合起来即可。

一个公司也常常如此，公司有CEO，有人力资源，有财务部门，有营销推广部门……所有的板块组合在一起，公司貌似就成立了。

在机械论和还原论的影响之下，很多人做事的方式都很简单。比如，看看别人怎么做，自己照做就行。

有一件很有意思的事。我遇到一个会员，他问我："樊老师，你小时候几岁上学？小学读什么学校？中学读什么学校？大学读什么学校，学什么专业？"

我说："你为啥好奇这个？"

他说："我想模仿您，去安排我孩子的求学轨迹。"

他希望自己能给孩子安排好一切，但这么做，对孩子真的好吗？

这是两回事。

我们太容易陷入"简单"了。

我们建工厂，生产车，制造火箭，甚至送人上月球，听起来很难，但依然属于简单体系。

复杂体系是什么？生活在南美洲亚马孙河流域热带雨林中的蝴蝶，偶尔扇动几下翅膀，可能在两周以后引起美国得克萨斯州的一场龙卷风。

怎样能让龙卷风消失呢？

把蝴蝶杀死？

当然没有那么简单。

因为从蝴蝶的翅膀到龙卷风，这中间所传递的因果关系不可追溯，你根本不知道这是怎么发生的。

这个现象让我们知道，我们无法像过去解决问题那样，把整个过程分解成小段落，再分段研究这些不可能到底是怎么发生的。

当一个体系复杂到一定程度后，简单科学的原理就无法解释它了。

就像有时，社会上的某个新闻突然被曝出来，全社会的人都在关注。没有人能画出一张信息传播的路线图，到底是谁传给谁，谁再传给谁，最后却实现了全面覆盖。

我们去观察自然界，自然界的东西几乎都是复杂体系。

我有一次去沙漠，导游带着我开车从草原上经过。导游说："您看那一片地方，草都没有了。"

我问："为什么？"

导游说："人们想保护这片地方的草，就把羊赶到很远的地方去，结果这片草全死了。"

不让羊吃草是我们简单的想法，但是，由于大自然是复杂的，最后的结果是这一片被保护起来的地方，草死得更快。

这就是复杂体系对简单体系的回应。

蚂蚁是如此弱小，看上去是面对大自然几乎无能为力的小生物，它只能靠分泌信息素、识别信息素来存活。

但是，如果你了解亚马孙森林里的行军蚁，就知道蚁群的生存力量是多么强大！它们逢山开路、遇水架桥，碰到沟壑，它们可以用身体建造出一座桥，确保蚁群安全通行。它们也能风卷残云地吃掉庞然大物。

尤其惊人的是蚂蚁的巢穴，如果把蚂蚁的地下巢穴做一个纵切面展示，就能看到其复杂程度简直如同一座豪华的地下宫殿。

蚁穴里有庞大的通道网络，沟壑之间四通八达，蚂蚁可以去往不同的场所。有存储不同食物的房间，有给幼虫生活的房间，有给蚁后生活的房间，有逃生的通道，还有极强的防水功能。

这一切是怎么设计出来的？谁是建筑师？

没有哪只蚂蚁说："我的智商高，我是中央指挥者，大家听我的……"单个的蚂蚁没有智商，它们之间也没有这么复杂的语言交流。

但是，它们却创造出了如此宏大的、智能的、科学的空间。

此外，沙丁鱼群的生存也有这样的特点。

海底的一群沙丁鱼在一起游。这时候，来了一条鲨鱼。

鲨鱼过来咬沙丁鱼的时候，沙丁鱼怎么办呢？

沙丁鱼自然散开，成了一个洞，鲨鱼没咬着鱼就钻过去了。然后，它掉头再过来咬，又钻开一个洞没咬着。

沙丁鱼可以完美地做出这个动作，可是沙丁鱼没有智商。

沙丁鱼的原则很简单，就是三条规则：

第一条，跟紧前面的鱼；

第二条，跟旁边的鱼保持等距离；

第三条，让后面的跟上。

把这三个条件输入计算机后，神奇的事情发生了，代表沙丁鱼的系统可以躲避鲨鱼，只要有鲨鱼过来，它们就会散开。

对于复杂体系的沙丁鱼群来讲，它所遵守的规则就是如此简单。

复杂体系能够生生不息地迭代，却有着非常简单的内核。

人类是怎么来的？

查理·罗伯特·达尔文（Charles Robert Darwin）的祖父埃拉斯莫斯·达尔文（Erasmus Darwin）提出的进化论机制是自然选择理论的先驱，他有一首诗表达了这样的思想：

无垠波涛下的有机生命，
在大海的呵护下孕育生长。
开始时很微小，显微镜下也看不见，
在淤泥中移动，在水中穿行。
随着一代一代繁衍，
逐渐获得了新的力量，具备了更强大的肢体。
从此开始出现数不清的植物群落，
和有鳍、有脚、有翅膀的会呼吸的动物。

简而言之，人类是因为一次一次的战争，一次一次被环境逼迫，觉得活不下去了，慢慢变成了今天这个最复杂、最成功的物种。

在这个过程中，人类所遵守的那个最简单的规则是什么?

在遗传算法中，父亲提供一半基因，母亲提供一半基因，它们组合在一起，改变一些随机的变量，产生变异，一个新的个体就诞生了。

人类的进化速度之所以看起来没有那么快，是因为我们每一代要隔大概 20 年的时间，才能进化出一代。

但是，AI 进化出下一代的速度太快了!

谷歌人工智能 AlphaGo 在与围棋世界冠军的人机大战中，战胜了人类顶尖棋手李世石、柯洁，已经很厉害了，但是真正可怕的是在它之后诞生的人工智能——AlphaGo Zero! Zero 经过短短三天的自我训练之后，就轻松击败了 AlphaGo，而且是 100 场对决，无一败绩。

这就是复杂体系进化的过程。

教育孩子是一个典型的复杂问题。

在孩子的成长过程中，我们无从判断孩子受哪一件事、哪一个画面、哪一句话、哪一段旅行、哪一种体验的影响，刷新了他的价值观。

无法追溯，也难以验证。

复杂的问题出现了，我们却总想以简单系统的方法来应对。

比如，给好孩子下定义，好孩子就是数学好、语文好、英语好、体育好……把孩子学习的内容拆分成一门门的学科，用成绩来验证。此外，还用考证的方式来让孩子证明，比如钢琴、跆拳道考证。

我们就这样，把复杂体系的问题简单化处理了，约束了孩子的成长。导致的结果是有的孩子学习成绩很好，拿了很多证，但性格并不阳光、乐观，甚至还去打人。还有的孩子考上了很好的学校，却陷入了抑郁的状态。父母可以稍微权衡一下，是孩子的生命感受——幸福、快乐重要，还是某个证书或某种证明更重要？

况且，如果一个孩子快乐幸福、阳光健康，他也可以拿到名牌大学的文凭。这本不是一件矛盾的事，问题是大量的父母认为，“我不盯着孩子，孩子就做不到”。

有一个妈妈把孩子送进了一所名校，很多人都围着她请教，说：“传授点儿经验吧，把孩子培养得这么优秀，你是怎么做到的？”

孩子的妈妈特别得意，说：“高三这一年，盯死他，别管他想要什么，别管他说什么，一律盯死，保证他除了学习就是学习，肯定能考上。”

妈妈觉得很得意，终于成功了，她的孩子坐在她身边，表情却很紧绷。

实际上，用这样的方法管教出来的孩子，上了大学以后往往不学习。即便迫于学分的压力不得不学习和考试，他也会排斥学习这件事。即便学习，也可能只是去接触一些让他轻松和愉快的知识，而不愿意再去探索更难的东西了。

他的知识水平停留在高三这一年了。

所以，很多人一辈子最具有知识含量的年华，就是高三那一年，之后就再没有进步过了。

这就是简单体系塑造孩子的情况，把一个孩子学习的快乐和美好都破坏了。

理解复杂和简单，是我们教育孩子的基础。这样，家长就不会患得患失。比如，突然听到别人说一年级要养成良好的学习习惯，每天记多少个单词就开始紧张。

当父母把教育孩子理解为机械化的模块知识组合时，孩子的生命力就会被我们扼杀。求知已经不再是求知本身，而是为了获得一个东西：获得一张文凭、一种奖励，或者让父母有面子。导致的结果是孩子再也不会爱上求知这件事。

在生活中，当孩子的所有行为都来自外部的规范时，孩子就没有自我成长的力量了。因为他所有的行为举止，只源于明确的指令和规定，他没有管理自己的能力，就无从谈起自信和独立的养成。

大量的家庭所面临困境的根源就在于此。

在复杂中成长，生命才会充满活力

我在“樊登读书”分享了两本书：德国于尔根·奈佛（Jürgen Neffe）的《爱因斯坦传》（*Einstein-Eine Biographie*），美国沃尔特·艾萨克森（Walter Isaacson）的《列奥纳多·达·芬奇传》（*Leonardo da Vinci*）。

爱因斯坦被人称为这个世界上自古以来最伟大的人之一。达·芬奇是全世界所有发明家当中排名第一位的人，也被认为是有史以来最伟大的画家之一。

爱因斯坦曾在一封给朋友的信中写道：“我没有特别的才能，我只是有热切的好奇心。”

1879 年 3 月 14 日上午 10 时 30 分，爱因斯坦出生。童年时期，他就经历了一些让他印象深刻的事情。当爱因斯坦的父亲把一个指南针拿给他的时候，他十分惊奇：为什么没有任何人拨动指南针，指针却能总是转向同一个方向？

如果每个孩子都有这样的好奇心，那么，他们成年之后会怎样呢？

我们可以看看，在1910年的夏天，爱因斯坦在关心什么——他开始研究天空为什么是蓝色的！

> 本来他的目的是把这个题目作为1905年的两篇关于分子和原子的论文的续篇，再次利用一种全新的方式确定分子的大小。他仿佛是运用他的公式顺带解释了白天的天空为什么是蓝色的，而在晨昏时分却闪烁出红色：太阳光是由色谱的全部颜色组成的，所以呈现出的是白色。当它遇到地球上的大气层时，在那里会散布到微小的颗粒上，而蓝色光是短波，其效应要比长波的红色光强烈得多。当我们遥望天空的时候，我们看到的是蓝色的散射光。但我们看到的太阳呈现橘红色，而不是白色，这是因为它的色谱中缺少了一部分蓝色。太阳落得越低，它的光线在大气层中经过的路线就越长，失掉的蓝色就越多，所以显得越红。

天空为什么是蓝色的？这种问题几乎是我们孩童时期才关心的事，长大了之后，谁管天空的事呢？

大家都忙着去生活，去赚钱。

但是，在爱因斯坦的生命中，他对宇宙、星空有非常强烈的好奇心。他是物理学家，虽然他没有品尝到自己的理论所结出来的果实，但是人们对于宇宙最深处的设想，包括黑洞、褐矮星、暗能量和暗物质，都是以爱因斯坦的认知为基础的。

与爱因斯坦一样，达·芬奇也有着强烈的好奇心，也关心很多人长大后就不再关心的现象：天空为什么是蓝色的？云是如何形成的？我们的视线为什么是直的？打哈欠是怎么回事？……

达·芬奇在他的日记本上不停地列出他必须学习的任务，有的问题令人脑洞大开，比如“啄木鸟的舌头是什么样子的”。写这个问题的时候，他离自己的生命终点已经很近了。

可是，这就是达·芬奇。甚至到了生命垂危的阶段，他还在研究用直观的几何学来帮助理解形状的变化。

他一生痴迷于此，特别是如何在改变两条直角边长度的同时，保持直角三角形的面积不变，他想找出其中的公式。欧几里得研究过这个问题，而达·芬奇多年来一直对此“小题大做”。那时，他已经 67 岁了，身体日渐衰弱。到了这样的生命阶段，似乎已经没有必要再去纠缠于这样的谜题了。但是，对于别人来说或许如此，对于达·芬奇来说则不然。

然后，在日记本上这页的差不多结尾处，他突然用“等等”一词结束了笔记。后面还跟着一行字，字迹与前面用镜像字写的笔记同样认真、工整，他在其中写明了停笔的原因——“汤要凉了”。

这不仅是我们现有的达·芬奇最后亲笔写下的文字，也是我们所能见到的他最后的工作场景。想象一下，他当时正在庄园府邸楼上的书房里，那里有带横梁的天花板和壁炉，还能看到昂布瓦斯城堡，城堡里住着的是他的王室赞助人。此时，他的厨娘玛杜丽娜正在楼下的厨房里，也许梅尔奇和家中的其他人已经围坐在了餐桌旁。这些年来，达·芬奇一直在尝试解决那些几何难题。这些努力虽并未给后世留下什么成果，却让他更深刻地理解了自然规律。不过，现在，汤要凉了。

大多数人都无法对周围的一切保持不断、随意的好奇，更不会好奇啄木鸟的舌头是什么形状的，还会说“这跟我有什么关系”。

可这跟达·芬奇有什么关系呢？看上去也没关系啊。

但是，这跟求知有关系。达·芬奇是为了求知而求知。他觉得好玩，这事儿有意思，所以他在努力研究这件事。

而我们不具备为求知而求知的能力和乐趣，我们学习知识的时候往往要问有没有用。

在《列奥纳多·达·芬奇传》的尾声有这样一段话：

啄木鸟的舌头可以伸出超过喙长三倍的距离。在不使用的时候，舌头会缩回到头部，它像软骨一样的结构穿过下颌，环绕过鸟的头部，然后再向下弯曲，进入鼻孔中固定。除了从树中挖出虫子，长舌头还可以保护啄木鸟的大脑。当鸟喙不停地撞击树皮时，它的头部承受的冲击力相当于致人死亡强度的十倍。但是，它奇特的舌头和支持结构起到了缓冲作用，使大脑免受冲击。

你可能并不需要知道这些，这个信息对你的生活没有任何实际用处，对于达·芬奇来说也是如此。但是，在读完这本书以后，你可能也会像达·芬奇一样想知道这些，正是他某天将“描述啄木鸟的舌头”写在了自己五花八门又别具启发的待办清单上。这一切只是因为好奇，纯粹的好奇。

好奇与求知是一个人生命中非常重要的事。

我爸爸有时候也成为我们观察和分析的对象，我认为最不应该发生的一件事，就是他过早地评上了教授。

我爸爸是有数学天赋的，他上中学的时候，数学总考一百分，上大学时也总考一百分，数学永远都考得特别好。

他 40 多岁就当数学教授了，但他没有成为一个伟大的数学家。

我和爸爸聊天的时候问他为什么不再研究点儿更厉害的知识。他说，他已经是教授了，教好书就行，不需要再搞那些东西了。

他当然有他可贵的地方，只是依然有一些小遗憾。那就是，一个人即便七八十岁，其实依然可以更深入地探索这个美好的世界。

很多老人一退休就研究养生，听各种养生广播，研究怎么买保健品。

这都是简单系统里的实用主义在发挥作用，学会了选择当下对自己有利的，学会了交换，学会了计算，可最后，整个人生少了很多生趣。

我在“樊登读书”分享《爱因斯坦传》《列奥纳多·达·芬奇传》，是因为我认为纯粹为了美好而美好、为了求知而求知的人，是我们应该学习的复杂体系之下成长出来的生命。

他们不是由外在的模块所组成的机械化的人，而是有着自我进化的逻辑和力量，他们充满活力！

人生最重要的三根支柱

养育孩子也是一件应该充满好奇心的事情，大人要用对待生命体的态度来陪伴孩子成长，而不是用对待机械体的方法来解决单个问题。这样，孩子才能健康地成长。

有人曾经问过我：“既然教育孩子是复杂系统，那我就对孩子放养，不要管他，让他随机生长可不可以？”

当然不可以。

放养绝对不是简单的承担父母责任的方法，那样父母就无法帮孩子建立起复杂体系所需要具备的精神内核了。

父母是孩子成长的第一责任人。

在动物世界里，老马养小马，要教会小马走路、吃草、跑步。老鹰养小鹰就更复杂了，要教会它飞翔，即使那是非常困难的一件事。

人是非常依赖母体的动物。人和其他动物比起来，最大的差别就是：人刚出生时没有生存能力。有的动物生下来就会走，就能自己去找吃的了，人不行，人要成长到两三岁，才有可能说清楚话，会表达、会求助。

父母一定要知道自己的责任所在。那么，父母要承担什么样的责任呢？

简单体系是靠不断地增加规则，不断地研究一个模块和一个模块之间的关系来解决这一问题的。

复杂体系则是给生命注入最重要的原始动力。

有人问一个天文学家，宇宙的发端到底是什么。

天文学家回答的大意是，他自己其实也没研究清楚，但他知道如果宇宙有发端的话，一定不超过三行代码。

复杂的宇宙是由三行代码开始，经过不断迭代，逐渐迭代到今天这么复杂的样子的。就像人从一个大分子开始，经过遗传、变异、选择这三步，迭代到了今天复杂的样子。

所有的复杂体系，都要尽量去找最早的那三行代码，找到最原始、最重要的东西到底是什么。

成长为一个人，所需要具备的那几个规则到底是什么？

我参考了阿尔弗雷德·阿德勒的《自卑与超越》（*What Life Should Mean to You*）和很多儿童教育心理学方面的书，总结出我个人认为的最重要的三根支柱：无条件的爱、价值感和成长型心态。

什么样的爱才是无条件的爱？

只要提到无条件的爱，很多父母会觉得，他们给孩子的，当然是无条件的爱。

可是，我们真的爱孩子没有条件吗？

比如，孩子的成绩差，你还爱他吗？孩子闯了祸，把别的孩子打流血了，你还爱他吗？孩子如果误入歧途，你还给他机会吗？

很多家长一定会说："是，我还爱他。"

父母的内心觉得自己爱孩子，无条件地爱他，就算孩子犯了再大的错，家都是孩子最后的港湾。有很多父母跟孩子甚至都断绝关系了，到最后还要把遗产留给孩子。

但我们反思一下，我们平常跟孩子表达出来的，是无条件的爱吗？

很多父母对孩子有无条件的爱，却没有通过正确的方式来表达。父母说的往往都是威胁性的话，比如"你要再这样，我就不爱你了""你要再这样，我就不管你了""你要再这样，我就把你送人了"。

有一天，我听见一个朋友的孩子，才四五岁，跟他爸爸吵架："从现在开始，你不是我爸爸了。"大家一听这话，都觉得小孩子好可笑，大人都在笑。我听到后，就判断，孩子能说出这样的话，一定是身边有人对他说过类似的话，比如"从现在开始，你不是我儿子了"。所以，孩子才把这句话当作一个惩罚的方法，拿来对付自己的爸爸。

孩子很认真，是真的在生气，但父母没有觉知，只觉得好笑、好玩，觉得孩子还会学自己说话。

但是，这种话所表达出来的爱就是有条件的，比如“如果你不听话，我可以抛弃你”。

有时候，我们看到孩子和妈妈起冲突，有的妈妈会作势把孩子抛弃在大街上，甚至有的妈妈还会自己藏起来，让孩子找不到她。

这是非常残忍的。孩子在大街上茫然无措，长达几分钟的时间看不到妈妈，很有可能会给他造成一种心理学上的伤害，叫作“资格感缺失”。就是感觉自己没有幸福的资格，甚至没有活下去的资格。资格感缺失严重的人甚至会自杀。

我们每个人一定要清清楚楚地确信自己是被爱着的，自己是具备爱的能量的。

我相信翻开书来学习的人都有机会变得越来越好，因为如果了无生趣，一个人不可能买来一本书，一页页地学习。一个人能学习，证明他有主动学习的意愿，也证明他内心有足够多的能量。

一个心中没有能量改变自己的人，是不可能对学习有兴趣的。他会觉得那都是骗人的，看了也没用，根本改变不了自己的生活。

资格感缺失的一种表现，就是一个人没有了学习的能力，没有了改变的能力，陪孩子终身成长更无从谈起。

我曾经旁观过一个心理咨询师的课。有一个女孩倾诉，说她的感情很不顺利，每次都陷入三角恋。她的内心非常痛苦，不明白自己的情感为什么总是受挫。

心理咨询师就帮助她去探寻内心。后来，这个女孩找到了内心最深处的伤。她说："我妈妈愤怒的时候，说过让我去死。"

这个女孩为什么感情总是不顺利？原因是她不觉得自己能找到一个正常的男人，她对于正常的生活并不习惯。

习惯对一个人是非常重要的，当一个人面临两条路要选择的时候，很少会去理性地选择，大部分时间都是跟着感觉走。那么，跟着感觉走，就一定会按照熟悉的路线走。

当一个孩子从小到大没有深刻地体验过幸福、轻松，没有感受过被宠爱时，他就容易走上那条艰难的路，因为这条路才是他熟悉的，他习惯了受伤害。

令我们无比心痛的是，太多孩子习惯了被边缘化，习惯了成为不受欢迎的人。因为他们从小到大都被父母指责、不公平地对待、埋怨，比如说："你将来长大了，看你怎么办，没有人能帮到你，你肯定没出息。"

当父母说"你肯定怎样"的时候，就是父母对孩子的诅咒。

这种诅咒完全表达不了爱，父母所表达出来的就是"我对你感到很失望，你不会给我带来任何好的感觉”。孩子得不到爱的能量和祝福，到最后，他就会选择过痛苦或者平庸的生活。

2

三大支柱，重建亲子关系模式

第4章

培养无条件的爱，让孩子的内心充满力量

什么叫“无条件的爱”呢？

无条件的爱，是指你对孩子的爱里没有交换、没有恐吓，也没有威胁。

只有你无条件地给予孩子爱，孩子才会对你无条件地信任，无条件地依赖。

真正的爱，不需要交换

亲子教育中的第一根支柱是无条件的爱。

在无条件的爱中，不需要交换是非常重要的原则。

很多父母喜欢跟孩子交换，对孩子说：“这学期成绩考得好，爸爸给你买辆自行车。”到期末一看成绩，立即说：“成绩这么差，还想买自行车？不买了。”

在父母取消奖励的那一刻，孩子立刻能感觉到父母爱的是谁——父母爱的是成绩，根本不是自己。

不管是孩子心心念念希望得到的自行车，还是心心念念想跟你去旅游，如果一个孩子把奖励的那种场景都幻想出来了，只是因为没考好，就什么都没有了，这种伤害是很大的。

孩子感知到的是，父母只是要求自己去获得好的成绩，这一切都是为了父母的面子。因为对孩子来讲，面子并不重要，大人才在乎面子。

所以，当父母总是用这种交换的手法来鼓励孩子的时候，导致的结果就是孩子认为做所有这一切对的事都没有意义、没有快乐，也没有幸福感。纵然成绩考得好，他也感受不到来自知识本身的快乐和自己自尊水平的提高，因为父母的交换原则是以物质奖励为基础的。

接下来，如果没有奖励，考第一名也没什么意思了。父母逐渐让孩子把非常重要的东西忽略了，反而去追求那些不重要的东西。

什么是非常重要的东西？

求知。

了解这个世界，获得学习的能力，知道自己很厉害，这是重要的东西。

父母的行为传递的信号就是这些看不见的品质不重要，重要的是可见的自行车、球鞋、玩 10 分钟 iPad。父母用一切可以调动的千奇百怪的手段，跟孩子交换一个又一个条件。最后，孩子完全迷茫了，根本不知道什么是对、什么是错，什么重要、什么不重要，什么是美好的、什么并不美好。

我有一次在一个风景区见到一个小男孩，他的妈妈喊他合影。

小男孩说："我可以和你照相，但是你待会儿让我玩 15 分钟 iPad。"（连跟妈妈照相这样一件事都要变成用玩 15 分钟 iPad 来交换。）

妈妈说："滚蛋、滚蛋，我不用你照相，也不让你玩iPad。"

变成这样的情况，自有其逻辑。

孩子们的逻辑性是非常强的，他们天然学得会很多你没有刻意教的东西。比如，小孩子真的特别喜欢吃冰激凌吗？小孩子真的不喜欢吃芹菜吗？

原因有时候很简单，孩子的逻辑，就是认为被用来做奖励的东西一定是好的。

很多家长都是命令孩子必须把芹菜吃完才允许吃冰激凌。其中就蕴含着这样的逻辑：芹菜不是好的，你得忍耐；把它吃完是不容易的，但是吃完了，就允许吃冰激凌了。那么，就暗含着这样的意思：冰激凌一定是美味的，不然为什么要等这么久？

经过孩子天然的判断，得到的结论就是"我喜欢吃冰激凌"。

如果反过来做测试会怎样呢？

规定说必须把冰激凌吃完才能吃芹菜，孩子就开始想："为什么不让我吃芹菜？"于是变成争着吃芹菜。

没有要求才是家

我妈妈是小学校长，她在很多同龄人中已经是很懂教育的人了，而且她对工作也充满了热爱。

但是，我儿子嘟嘟上小学一年级的第一天，我记得很清楚，嘟嘟戴上帽子，背上双肩包，意气风发地准备去上学，挺开心的。他奶奶就走过来，站在旁边，抚摸着孙子的脑袋，语重心长地说："唉，你的好日子到头了！"

我儿子吓了一跳，说："怎么了，什么到头了？"我赶紧笑笑说："好日子刚刚开始，奶奶只是开了个玩笑。走，我们上学去。"

有的校长、老师等教育工作者，都会认为上学是一件很不愉快的事。还有的人认为，孩子如果上幼儿园的时候玩得很开心，没有作业压力，上了小学肯定受不了，一大堆作业会压垮他。特别多的"魔咒"在等着孩子。

事实证明，我儿子一直有大量的玩耍时间。现在快小学毕业了，也没有感觉学习是吃力的事。

他现在上五年级，每天晚上依然有大量时间跟我玩。我们在家里玩棒球，有时候还打扑克牌、看漫威。他对漫威绝对是我认识的小孩子中最了解的，因为他读完了很厚的关于漫威的书，那都是写给大人看的。每当读到一个不明白的知识点，他就自己去搜索相关的能搜集到的各种知识。

他自己喜欢读数学史。有一天，我对他说："我最近在读数学史，你知道谁是阿尔·花剌子米（al-Khwārizmi）吗？"

我们在家经常切磋这样的事。他说："我知道，解方程的那个人。"

我吃了一惊，说："你是怎么知道的？"

他说："我看了你正在看的书。"

他读的书还包括我读的《未来简史》（*Homo Deus：A Brief History of Tomorrow*）和《人类简史：从动物到上帝》（*Sapiens：A Brief History of Humankind*）等，这一切都是他在学校里就把作业全部做完了之后自己看的。

有的孩子会把作业拖到晚上10点30分、11点去做，因为他们边玩边做，没人盯着就不做。还有，如果做完了作业，家长还会再布置一张卷子，这样，孩子永远做不完……

既然作业是没完没了的，那孩子想到的对应办法就是慢慢写作业，磨蹭到半夜就该睡觉了。对家长的态度就是：你总不至于再让我做卷子了吧？久而久之，孩子就养成了拖沓的习惯。

嘟嘟每天回到家最多十几分钟就能写完作业，我签个字就结束了。没有人辅导他的作业，也没有人要求他的学习成绩一定要怎样。他成绩一直都很好，我们大人也没费什么劲儿。

所以，如果能把孩子内心的力量调动起来，让他自己主动去成长，他就会自发地想成为一个优秀的人。嘟嘟的目标是想去加州理工学院求学，这是爱因斯坦待过的地方。

我给他讲完《爱因斯坦传》后，他问："爸爸，怎么才能成为一个理论物理学家？"

我说："这件事非常艰难，但如果你愿意成为理论物理学家的话，爸爸愿意支持你。"

他未来未必会成为一个理论物理学家，我也从来不会要求他成为物理学家或者天文学家，我在乎的是他内心有要去成为一个很棒的人的动力。

别让“不爱”进入认知

在我家的家庭文化中，从来不会对孩子说，如果他考试成绩好，就给他买什么东西，或者带他去旅游。

我认为，给孩子买东西，带孩子去旅行，都是孩子应得的。

我对嘟嘟往往会这样说：“我是你爸爸，我爱跟你一块儿去旅游。即便你成绩考得很糟，我也不会带别人去旅游。我会去约你们班的学霸一起旅游吗？这多可笑呀。所以无论怎么样，我都愿意带你去旅游，因为你是我的孩子。”

这就是表达无条件的爱。

当父母能建立这样一套理念的时候，孩子就不会拿学习去向父母要挟和交换了，他的潜意识里也不会认为学习是一件糟糕的事。他认定的是“爸爸爱我，他给我提供的建议是好的”，这就是最根本的逻辑。

无条件的爱就是这么重要。遗憾的是，很多父母还没有养成这样的习惯，甚至是父母不生气的时候，也会威胁一下孩子，让孩子觉得自己不被爱。当我们留意到这样的现象时，才会矫正自己的行为。

有一天，我在机场看到一家三口走在一起。孩子很小，刚学会走路，很可爱。他特逗，一边走路，一边踢一下爸爸，也就是踢着玩。

爸爸没生气，妈妈也没生气，因为场面很温馨，一家人都很开心。

这时候，妈妈讲了一句话："你再这样踢爸爸，爸爸不爱你喽。"

"不爱"已经成为一些家庭文化里的口头禅，成了我们跟孩子沟通的最简单的方法，张口就是"你这样做的话，没人喜欢你""我们都喜欢乖孩子，你这样做不乖"，总是不自觉地用"爱不爱""乖不乖"这样的事来开玩笑。可是，这些语言会进入孩子的意识里，孩子会觉得"如果我好，他们就爱我；如果我不好，他们就不爱我"。

我可以非常负责任地跟大家分享自己的经验：我们家里没有这样的语言系统。

我不但觉察我自己，还负责沟通和训练家里所有人的语言。

我们家的保姆会常年和我们打配合，不会总换。好的保姆是我们互相沟通、耐心磨合出来的，绝对不是靠一开始的运气选出来的。领导力很重要。

靠运气碰到一个好的保姆是不可靠的，但如果有了领导力，与她好好互动，对她也有无条件的爱，她就能接纳你的观点，配合你的需求。

在我们家，出现问题的话，都是和保姆在内的所有人统一思考和解决问题。我分享给她我的理念，那就是对孩子绝对不要用威胁，绝对不要说“你这样做，我们就不爱你了”“你这样做，大家都不喜欢你”这样的话。

全家都不使用“不爱”的语言，孩子有任何情况都会非常坦然地告诉家长。比如，学习的情况，他想要什么，他遇到了什么困难，都可以随口说出来。

接受孩子的不完美

无条件的爱是不是溺爱？无条件的爱和溺爱之间有什么关系？

在我看来，溺爱是无论孩子做什么，家长都支持。比如，孩子去跟别人打架，家长认为只要自己的孩子不受伤就行，这就是溺爱。

如果一个孩子从小到大根本没有接受过批评，没有接受过规范，会产生什么样的问题？孩子的不安全感会更加强烈，他能感觉到大家都不喜欢自己，但又不知道为什么。在他的心中，完全不知道世界的边界在哪里。他做很多坏事的时候，看到的是父母无所谓的表情，他得到的结论是父母不爱自己、不关注自己。

父母在关键时期和关键问题上没有发声、没有规范、没有边界，孩子就没有安全感，所以无条件的爱绝不是溺爱，无条件的爱中也包含着父母一定要矫正孩子的错误行为。

孩子毕竟是孩子，总会犯错误，帮助他规范自己的行为是父母的责任。

起初要告诉孩子，或者严厉地表态：“因为我是爱你的，所以我坚决反对你做这件事，我要跟你好好谈谈这件事。”

谈完事情之后，一定还要再说一句：“虽然爸爸今天批评了你，但是爸爸永远爱你。”

有一次，我和儿子在小区里散步。看着小区的树，我就跟他聊天，我说：“嘟嘟，你看，有的树长得直，有的树长得弯。”

他自己就接话说：“长得直的树有人修剪，弯的树好像没人修剪。”

我说：“哦，那你知道爸爸为什么有时候会向你提出要求和意见吗？”

他说：“你在‘修剪’我。”

我说：“你希望自己成为一棵经过修剪，长得直直的树，还是成为一棵没人修剪、弯弯的树？”

他说：“我希望长成一棵直直的树。”

这样的聊天和沟通，都是为了向他传递一个信息：爸爸妈妈批评他、规范他，对他提要求，不是不爱他，这背后没有任何的威胁，只是帮助他成为更加“挺拔”的人。

父母是孩子的监护人，要帮助孩子成长。这个道理我在孩子 2 岁的时候，就让他理解了。这样，他就绝对不会把批评视作不爱。

有的家长一批评孩子，孩子就炸了，立即顶嘴说："我没错，这不能怪我。"

我见过特别多肾上腺素很高的孩子，这样的孩子为什么拼命地捍卫自己，说自己没错？很简单的原因是孩子知道，如果错了，父母就不爱自己了！

孩子最不能承受的就是自己不被爱，所以他绝对不能承认自己错了。他跟父母斗争到底，用更加叛逆的行为来证明——"我值得你们爱护我"。

我批评嘟嘟的时候，有时候只是一句话，或者是一个眼神稍微示意和提醒一下，他立刻就明白，他绝对不会发怒。他内心笃信，爸爸的批评不是不爱，而是对自己好。所以，我俩可以探讨。

有的家长经常会与孩子对立，受到孩子的质疑。比如，孩子说："我们老师说必须这么做！"老师的方法和某句话成为他和你作战的借口。但在我家，从来没有出现过这样的现象。反过来，孩子常常和我商量："爸爸，这件事老师让我们那样做，但我想可不可以这样做……"他更相信爸爸。他经常问我："这件事我这样处理，爸爸，你觉得对吗？"他相信我的判断，他知道爸爸爱他，知道爸爸能给他带来很多有效的建议，知道爸爸懂很多道理。

这就是父母所应该承担的责任。你应该让孩子对你无条件地信任、无条件地依赖，前提是你对他是无条件的爱。这里面没有交换、没有恐吓，也没有威胁。

我们要学会接受不完美，每个孩子一定有不完美的一面，更多地去看孩子好的地方，发现亮点才是推动一个孩子成长、进步的方向。当家长不断地让孩子身上的亮点变得越来越多时，阴暗的地方就会变得越来越少。

但是，如果你整天眼睛只盯着阴暗的部分，每天都很焦虑，怎么可能表达出无条件的爱？

找到孩子光明的那一面，积极地想办法把它放大，这才是让孩子获得自尊、自信最有效的方法。

勇敢地表达爱，表达出对孩子的欣赏，孩子才能变得更加自信、乐观。

所以，天下的父母要让孩子知道自己是被无条件欣赏和接受的。这样，不管遇到什么困难，孩子都能走得过去。

综合应用

放养的孩子成绩差，怎么办？

问题

我在教育孩子方面其实花了很多时间，我希望用翻转式学习的教育方式，打造孩子的综合能力。我希望他上小学一年级时就养成好的生活习惯，他可以很自律，我们去晨跑，他还能自习。

我在孩子的应试方面花的时间少，老师就找我谈话，说孩子成绩不太好。所以，是我本身的心态没放平，还是素质教育和应试教育本身有冲突？

樊登解答

老师找你谈话，正是一个和老师沟通的好机会。

你有一点儿焦虑，焦虑并不能带来帮助。你想得到一个答案——“樊老师教的这些方法，和应试教育就是矛盾的”，那样你的心就放下来了，孩子的成绩不太好，就是因为你选择了这个方向。

可是，并不是如此，没有一个答案说放养就会导致孩子的成绩差。我见过特别多高考状元。高考状元分两类：一类玩命地学习，基本被透支了；另一类就是我所说的，玩着玩着就成了高考状元。

很多事情做对了就是很轻松的，那么，什么是对错呢？

错的是我们不能做出放养的样子，实际上手中的线却牵得很紧。对孩子说“你要靠自己了”，然后在旁边悄悄盯着，天天观察，感觉孩子的成绩不理想的时候，就想最紧要的是孩子要加把劲儿，再怎么怎么去做。

核心是你的生活重心不能完全放在孩子身上，这是假的放养。

真的放养是我从心底相信，耐心很重要。如果一个人不能管理好自己，那么强加的东西是没用的。

你说小学一年级要养成好的生活习惯，这是错的。很多家长永远都在说某某年级很重要，永远都有这样的说辞。这其实就是家长特别想使劲儿，但实际上，家长所谓的“帮孩子养成好的生活习惯”，这个过程中，孩子的自觉性被破坏了。家长其实就是在骗自己，反正还是在盯着孩子的学习。

人学习的过程就是犯错的过程，要有一定的包容度，而不是老师一约你谈话，你就紧张得要命，那你做他的妈妈和做他的同学有什么区别？你是一个成年人，你和他的老师可以来一场成年人之间的对话，理解老师的状况，有哪些需要配合和沟通的。回到家以后，你可以告诉孩子："妈妈和老师沟通了，妈妈并不担心。你现在哪里做得好，哪里做得不好，你自己分析分析。"让孩子参与进来，让他成为生活的管理者。

人最重要的力量来自他的内心，我们要认同他能够管理自己。父母是孩子在这个世界上的导游，要告诉孩子这个世界上都有什么。导游要给孩子一些空间，让孩子像游客一样自己去看、自己去探索。这样，孩子会是一个很开心、很有探索精神的游客。

很多家长不做导游，做的是"黑导"，绑架了游客，让孩子按照家长想要的方式去行走。游客觉得旅行一点儿意思也没有，干啥都没意思。

而且，不要让孩子做假设："万一没有这样，会不会更好？"没有"万一没有这样"，接受孩子当下的状态就是最好的状态。

10岁女儿狂追星，该怎么阻止她？

问题

我女儿 10 岁了，她喜欢追星，追得比较严重。我害怕她往后变得更严重了……

樊登解答

你有没有思考过她为什么爱追星？

这需要家长在自己家的教育环境中去找答案。如果一个孩子过度依赖外在的偶像，有可能是家庭教育导致的，否则她就不会沉迷。如果她只是普通的热爱，像我们小时候喜欢过一些明星，是很正常的。

你害怕她往后变得盲目追随、学业下滑、疯狂崇拜、失去理智……这有可能就不是你女儿的问题，而是你的问题了。你过度担心未来可能会发生的事情，“这样下去，如果变成那样，该多么可怕”。实际上，我们小时候也喜欢过某个偶像，现在对这件事都淡忘了。

如果一个孩子追星很疯狂，父母就要反思自己的教育方式了。如果教育方式没有太大问题，就不会给孩子造成极强的压力。亲子关系很好，孩子和父母是亲密的，是有话愿意和父母讲的，那你就不必担心孩子喜欢偶像。过一段时间，她就会恢复到自己的正常生活中。

如果家长给了孩子巨大的压力，或者父母的教育方式总是批评，让她的自尊心受到了严重伤害，她就有可能产生依赖型人格，特别依赖一个外在的事物，导致最后变得特别病态。

在大部分情况下，小孩子对偶像的崇拜都会慢慢回归理性，你不要过度担心。如果你为这件事和女儿产生特别多的争执，每天特别担心，不断地强化，你的强化会指导她往那个方向去。

小孩子有反脆弱的生长能力，打一种疫苗，他就会产生抗体，让自己的身体能对抗这种病。妈妈的压制就像那种疫苗一样，如果特别厉害，反弹就会很厉害，最后让孩子在这件事上特别认真和严肃。

我儿子小时候爱看一档综艺节目，我们都不管他。现在他自己不看了，他抛弃了原来觉得有意思的综艺节目。

所以，你不用担心，你给她介绍更好的就可以了，你可以和她讨论。不要随便管孩子的事，用尊重的态度来对待这件事。

第5章

价值感决定孩子飞多高

当一个人拥有价值感时，他会知道自己是值得被爱的，他的内心会充满能量，他对未来会充满期待，对人生拥有极高的热情度。

一个有价值感的人，自尊水平往往也会较高。一个拥有高自尊的孩子，他对自己的评价就会很高。他能感觉到自己的重要性，自律性也会更强，自然能管好自己。

反过来，如果一个人自尊水平低，他就会觉得“我就是没用”。这样的孩子，他的人生失去了目标，就很容易去干坏事，变得叛逆。

归属感与价值感，让孩子愿意变得更好

亲子教育中，第一根支柱是无条件的爱，第二根支柱是价值感。

阿德勒在《自卑与超越》中有一段话，大意是：所有的失败者——精神病患者、罪犯、酗酒者、问题少年、自杀者、堕落者——之所以失败，就是因为他们缺乏归属感和社会兴趣。

一个孩子终其一生都在寻找两样东西，一个叫作“归属感”，另一个叫作“价值感”。

归属感是一个人要知道自己属于哪一个家，知道自己在家人这个团体里，是被无条件包容和接纳的。如果我们掌控了无条件的爱的原则和方法，孩子自然就能找到归属感。

价值感的重要性体现在——如果一个人很爱自己的父母，也知道父母对自己是无条件的爱，但他最后变成了啃老族，这会是我们想要的吗？父母愿意给孩子一切，却并不想孩子成年

后，每天在家里待着，用父母的钱支撑自己的人生，一直这么坐吃山空下去。这肯定不是任何父母想要的。

所以，我们要找到，是什么让这个孩子有动力出去做事，让他愿意成为一个厉害的人，让他想成为一个有理想、有追求、有抱负的人。这来自价值感。

电影《喜剧之王》中，男主角跌入谷底的时候，一改此前的斗志昂扬，完全否定了自己，认为自己做人完全没有价值，把自己比作废物。

好在电影到后期产生了变化，男主角又认识到自己有价值，慢慢地变好了。

这是电影里体现的人的价值感。我个人对价值感有所认知，是在我上初中遇到极端情况时。那时，有同学打架，还有的人身上带着刀。

我属于比较乖的、爱学习的孩子。有一次，我跟一个同学一起骑自行车回家。在路上，我说："我们要不要准备刀，万一遇到恶劣的情况，咱们也有刀，和他们拼了？"

我同学讲了一句话，对我启发很大，他说"不值得"。

我突然觉得，不要和不懂得珍惜生命的人拼命。有时候遇到了坏人，即使欺负我，我也忍耐走掉，原因就是我的生命有价值。

当一个人意识到自己的生命有价值的时候，就不会轻易放弃自己，也不会和别人拼了。

有时候看社会新闻说，有人肾上腺素飙升得特别快，马上就由小事直接上升到与人拼命的程度。最后，两个争吵的人都变得极端，迸出一句“大不了一起死”。

“大不了一起死”就是没有把自己生命的价值感给调动起来，让自己被仇恨带着走了。这是一种可怕的思维模式。

没有人会自带价值感

千万不要以为有钱人家的孩子就一定会自带价值感，很多有钱人家的孩子，如果爸爸妈妈一直在贬低他们的人格，他们照样会丧失价值感。

香港电影里常常有这样的情节：警察去抓捕一群高官的孩子，这群孩子的独白就非常符合无价值感的心理特点。他们对警察说："你们天天骂我们是垃圾，骂我们一事无成。我今天就做给你看，我就是什么都不行！"这时，自己主动迎合别人辱骂的情况就出现了。

很多人是社会上优秀的人才，但是如果不懂教育，他们的孩子并不会天然地像父母一样优秀，反而因为父母的见识足够多，更让孩子生活在巨大的压力之下。

有的父母总把孩子拿来和最高的标准做比较，进而指责孩子"你要赶上别人一半就好了""别人比你强太多了"。这样的话导致孩子的价值感一点一点下降，直到低到尘埃里。

一个没有价值感的人是不敢在公众面前做领导的，一个没有价值感的人是不敢承担责任的，一个没有价值感的人是不敢去努力地学习、改变自己的。

怎样才能让孩子有价值感？

你要给孩子做事的机会。有很多家庭的孩子根本不会做家务，父母不让孩子做事情。他们说孩子的任务就是学习，只要管好学习，其他的事都不用管。父母为孩子创造了只能学习的条件。孩子要洗洗碗、拖拖地，都不用！孩子只需要跟着父母上足各种培训班！有的孩子一个周末能上六七个培训班。

在这种情况下，如果孩子的成绩出现一点儿波动，父母责备孩子的理由就更充分了："在咱家，让你干别的了吗？让你买过菜吗？让你做过饭吗？让你挣过钱吗？就让你学习，你的成绩还是这么差。"

这就是把孩子的整个人格全部否定了，孩子等于什么都没干，没有为这个家庭做出任何贡献。

很多人都曾被自己的父母这样谈过话，我到现在都记得这样的画面。我看到有位家长问孩子："你为这个家做过什么贡献？"孩子没话说。再问："我们对你提什么要求了吗？"孩子还是没话说。最后，总结来了："你自己的学习学好了吗？"

在孩子说"没学好"的时候，他看起来什么价值都没有。

在我看来，一个孩子对家庭的贡献是全方位的。比如，孩子完全可以参与家里的打扫卫生。他的成长本身就能给大家带来欢笑，他的存在就足以成为家庭气氛的调动者。

让孩子充分参与家庭生活，并在孩子表现出对家庭有所贡献的时候，表达一下你的感受，告诉孩子："你这件事做得很好，照顾到了周围其他人的情绪，给我们带来了美好的回忆。"这就是孩子为家庭做的贡献。但是，有时候父母会忽略，他们会觉得这不重要，丧失了让孩子逐渐形成价值感的机会。

嘟嘟在家里特别喜欢打扫卫生，他喜欢擦楼梯，常常把楼梯整个擦一遍，还帮着家里人干活，吃饭之前帮着包饺子，吃完饭帮着洗碗。他什么都喜欢参与。

我们没有给他任何交换条件，不会告诉他包了饺子可以少做几道题，而是告诉他全家一块儿参与事情，欢乐会成倍增加。我们告诉他打扫卫生会给大家带来很大的方便，比如阿姨（保姆）的打扫工作就轻松了很多。

让他意识到他所做的事真正有价值，让他意识到他有能力通过自己的学习和工作改变自己和周围人的生活状况。这时候，他对自我的评价就会很高。

这种对自我的评价，我通常叫作"自尊水平"。一个人的自律性来自他的自尊水平，自律性越高的孩子，自尊水平就会越高。反过来，如果一个人自尊水平低，他觉得自己就是没用的，就会在别人看不见的时候去干坏事。

从严重的角度来说，惯偷就是如此。当他偷了一个钱包被人发现时，会不好意思吗？你有没有见过特别内疚、不敢看人的那种惯偷？惯偷的表现是，被发现了，就面无愧色地把东西扔给你，然后快速消失。

他不觉得偷东西丢人，因为他的自尊水平很低。当一个人的自尊水平很低的时候，他会认为偷东西被抓到叫作“运气不好”，他觉得不丢人，自己只是在混口饭吃。但一个正常的人，如果去偷东西，要克服的根本不是技术问题，而是自己心里过不去这道坎儿，会对这样的行为感到羞耻，对行为的结果感到内疚。

一个人如果有自我约束力，就不会在别人看不见的时候，自己偷偷摸摸去做一些事，因为他具备足够高的自尊水平。

但是，如果父母意识不到其重要性，就有可能把成长中的孩子的自尊逐渐打击没了。

自尊水平越高，孩子越能管好自己

很多父母每天跟孩子的互动，如果做个录音，回放后会发现，互动内容全是负面的，都是在不断地打击孩子的自尊水平：孩子做什么事都不对，这不对，那也不对。

有一个妈妈带孩子过来跟我聊天，孩子开始对我讲他的心思、他的苦恼。我就跟孩子讲上高中应该怎样学习，怎样安排节奏。聊得正愉快的时候，他妈妈一直在旁边插话："你看樊老师说得多好，但你都做不到。唉，你就是做不到。"

孩子越来越生气，表情也越来越不耐烦。我就对他妈妈说："麻烦您先回避一下。"

妈妈说出来的话负能量爆棚，没有一句能起到积极效果，原因不是她不爱孩子，而是她太在意这个孩子了。她的生活除了孩子之外，可能没有别的东西了。人生所有没有实现的理想和梦想都寄托在这个孩子身上，导致孩子成了她的私有财产。

这样下去的结果就是孩子的自尊水平越来越低，最后成为一个不能改变自己、不能约束自己，过着糟糕生活的人。尤其是孩子长大后，妈妈会变得更糟糕。

有的妈妈把自己一生的希望都寄托在儿子身上，一旦有一天儿子要去和另一个女人生活了，妈妈就难受、生气，觉得自己的一切都被一个外来的女人给剥夺了，就跟儿媳妇闹矛盾。

婆媳关系有时候说到根源，就是家庭结构的关系。有的家里，婆婆和儿媳妇处不好，儿子心烦会远离自己的家庭。后来，儿子越来越多地疏远了家庭，在情感上不再对妈妈和媳妇进行投入了。

这时候会发生什么事？

媳妇就会把所有的专注点都放在孩子身上，因为与老公已经离心离德了，她只能把自己的注意力放在孩子身上，重复婆婆的宿命。于是一代一代传下去，女人们没有了自己的生活，只追求“我的孩子更好”。导致的结果是孩子的压力更大，自尊水平更低。

有的父母觉得给孩子帮忙的办法就是挑他的毛病，只要能挑出他足够多的毛病，这个孩子可能就没有毛病了。实际上，给孩子挑的毛病越多，孩子的毛病就会越严重。

比如打电子游戏，有两种情况：自尊水平高的人，想打就打，不想打可以不打；自尊水平低的人，只要一玩起来就停不下来。于是，爸妈把手机藏起来，不让孩子看到。

管理打游戏这件事情，要从根本上解决，孩子打游戏上瘾的根本原因就在于他根本没办法自律。如果你能帮孩子建立比较高的自尊水平，孩子就会自己向自己提要求。

在我家，手机都是随便放在桌上的，对手机、iPad从不给孩子做硬性规定，任何人也不会给孩子当闹钟来提醒孩子。但嘟嘟会自己给自己提要求，他在墙上贴条：每周二、四、六不看手机，一、三、五可以看，每天不超过半个小时，如果违规，自罚不打游戏了。

我问他为什么这么写。他说，看手机太久会伤害视力，所以自己觉得应该写一下。

我一个朋友的孩子有一天给我打电话，说他跟他爸妈又吵翻了。他是一个高中生，不想参加高考，想上总裁班。他问我能不能给他报个名，直接上总裁班。

他妈妈把他臭骂了一顿。

我就问他妈妈："为啥不让他上总裁班？"

他妈妈说："他只是个高中生，连大学都没上，就想上总裁班，这不是浪费钱吗？"

我说："但是，你有没有看到他努力想学好的这一面？他并不想放弃自己的人生。他虽然不想考大学，但他想做生意，想成为一个有用的人，这一点很重要。上总裁班的学费对你的家庭来说，并没有那么高，为什么不支持他一下？"

我的朋友沉默了很久，然后说道："我没想过，我没想过这么多，我就是条件反射式地去反对。"

这就是很多家庭的互动模式，一般是孩子提任何要求，父母都是先紧张，第一反应就是孩子又出“幺蛾子”了，赶紧打击他，小吵最后演变成了大吵。

这个孩子发给我看聊天截图，最后都吵到他爸爸要跟他脱离父子关系，就当没生过这个儿子。

就为了上总裁班这样的小事，演变成这样的结果。

实际上，我在听到孩子的想法的时候，内心是有些喜悦的。我曾经对这个孩子有些担忧，我观察到他基本上不太愿意去做什么，除了不停地打游戏。但是，这样的男孩竟然要上总裁班，我觉得很欣喜，觉得自信和光明要来了，他开始愿意学习，愿意提高自己的价值了。

但是，他的父母看不到，他的父母认为这不可行。我问他的父母：“那你们觉得什么可行？还要他天天在家里打游戏，你们才安心吗？”

他的父母说：“我们也不是这个意思。”

大部分时候，父母也不知道要让孩子怎么办，只是条件反射似的反对一切。

我们绝对不能用条件反射似的反对一切的态度对待我们的孩子，尽管孩子让我们失望过无数次，但既然他是我们的孩子，我们就要抱有希望、创造机会和把握机会，把孩子内在的价值感给调动起来。

王阳明在小时候也“折腾”和“叛逆”了很多年，他 18 岁与当时的名儒娄谅会面，娄谅点透王阳明的一句话是“圣人必可学而至”。

这句话的意思是，即使是孔子、孟子这样的圣人，也是由平凡开始一步步走过来的。这样的一句话可以把王阳明的价值感调动出来，让他有成圣之志。所以，每个人都有可能成为圣贤，你认为自己也可以，这就是志气。

当一个孩子的价值水平被提高，他觉得自己有机会成为圣人时，他就会充满志气。拿王阳明来说，18 岁以后，他就没有浪费过时间，一直都在不断地努力、精进学习。

为人父母，我们需要点燃孩子心中的价值感，而不是整天浇熄他心中的火焰。

怎么点燃?

发现亮点，并且提出表扬，尽量不要用物质奖励的方法，而应该赋予它意义。

就是当孩子做对一件事时，你不是说“做得很好，爸爸给你钱”，而是说“做得很好，这件事的意义是……”。父母要把孩子做的事情的意义给点出来，表扬孩子也要表扬到孩子的精神内核。

比如，孩子要上总裁班，爸爸可以这样说：“这次，你能提出想上总裁班，爸爸真的非常高兴。因为爸爸能看到你想通过学习来改变自己的生活，你对自己是有要求、有想象的。爸爸之前没有考虑过这个问题，这次爸爸一定支持你好好上课。”

想想看，如果是这样的爸爸，和一个独自走了很长时间的迷途，高中三年过得像在地狱里生活一样的孩子聊天，孩子会是什么感受。

有的孩子知道别人不喜欢自己，就把自己隔绝起来，他觉得自己和他人不是一个世界的。

这样根本融入不了这个世界。父母一定要把他拉到真实的世界里来，尊重孩子，帮助孩子提升他的价值感。

想了解更多关于价值感的内容，我推荐一本书《你就是孩子最好的玩具》（*The Go-To Mom's Parents' Guide to Emotion Coaching Young Children*）。书里讲的方法就是提升价值感，怎样用情感引导的方法帮助孩子塑造一个又一个正确的行为。

当孩子被塑造出了这一个又一个正确的行为的时候，他自己的价值感也会得到提升。他会认为自己是一个有能力的人，一个有自尊心的人，一个善于掌握时间的人，一个能够自控的人。

我经常跟嘟嘟讲自律有多重要。我告诉他，有了自律能力，做事情的效率就会立即提高很多。有的孩子，大人不敢给他手机，因为怕孩子拿起手机就放不下了，但是孩子其实可以做到。

如果经常性地告诉孩子他可以做到什么，他就真的可以做到。比如，嘟嘟了解了什么是自律之后，尤其喜欢展现出自己有自律性。

有时候，嘟嘟的外婆会用老一套的办法来督促嘟嘟，比如："怎么不写作业？赶紧写作业，你快一点儿。"

嘟嘟很有意思，他和我讨论："爸爸，我有没有过曾经、偶尔有哪一次，忘记写作业没交过的？"

我想了想，回复他："你每次都会交作业。"

嘟嘟说："那外婆怎么总是不放心？"

我说："你可以跟外婆谈一下。"

嘟嘟就对外婆说："外婆，你不要担心我的作业，要学习和考试的人是我。我能管好自己的作业和学习，我都能搞得定。"

外婆听了之后，心里还是有点儿不开心。我就开导老人家，我说："您不用管他，这符合教育的规律，您就负责开开心心的就行。他想和您玩，您就陪着孩子玩一会儿。愿意和您打牌，您也可以和他一起打。"

就这样，当别的家庭经常传出大呼小叫命令孩子写作业的声音时，我们家的老人晚上在跟孙子打牌、看电视，玩各种各样的游戏。

一个家可以这么轻松、愉快地管理起来，不用那么费劲儿。所有美好的事情都是轻松、愉快的，费劲儿的事情往往都是错的。

我以为这是我自己总结出来的经验，后来有机会遇到简·尼尔森（Jane Nelsen）——《正面管教》（*Positive Discipline*）的作者。这位老太太在一个论坛上谈到，如果你在教育孩子的过程中感觉到痛苦，感觉到艰难，感觉到失望、伤心，一定是因为方法错了。

她的这个说法跟我的观念一模一样。

因为我尝试过，只要父母用了正确的方法，所有问题都会迎刃而解。但是，如果父母用了错误的方法，困难就会接踵而至。

忘掉身份，放低姿态，与孩子一起成长

教育孩子和家长有没有读过大学关系并不大，我见过很多读过大学的家长，有的甚至是名校的老师，教育出来的孩子却很叛逆、痛苦，还会跟父母对着干。

我儿子的一个同学来我家玩了之后，问过一个有意思的问题："你们家谁比较狠？"

我儿子愣住了，说："我们家没有人比较狠，我们家挺好的。"

他的同学说："不可能，家里总有一个狠的。"

连孩子都养成了这样的思维习惯。

有一次，我送儿子上学，有两个高级知识分子邻居在聊天，声音不小，我也听到了。

其中一个邻居问："听说你们家生二宝啦。"

另一个邻居说："对，刚生了一个。我听说有二宝以后是不

是好教一点儿？”

回答是：“对，好教多了。”

刚添二宝的邻居问：“为啥？”

第一个发问的邻居传授经验：“打一个，另外一个也会害怕。”

不懂教育孩子的知识，中国的高级知识分子家庭也会“塑造”出错误的教育理念。

我还知道有一个孩子，上到高中，就结束了自己的生命。他爸爸是顶尖的知识分子，却发生了如此令人心痛的事情。他爸爸懂得如何教学，却忘记了教育孩子也是需要学习的。

所以，为了孩子，我们要忘掉自己的优秀和身份，因为我们拥有多少知识，有多优秀，与我们懂得教育孩子的原理和理念完全是两回事。

我衷心地呼吁，所有父母都能为了自己的孩子变得谦虚一点儿，放低一点儿姿态，把教育孩子的那些好书拿来读一读。

如果有人实在没那么多时间读书，可以请读者把这本书分享给他。

我分享的方法一定是有效的。只要你愿意和孩子好好地实践一下，对孩子表达出善意，鼓励他，当天，你就能感受到你跟孩子之间的关系在发生变化。

有的孩子很叛逆，让父母觉得不可理喻。其实，他只是在自我保护。孩子因为父母说话总伤他，所以套上了一层厚厚的盔甲，他对父母也表达不出爱意。

父母如果能对孩子好一点儿，给他一点儿美好，表达出内心对孩子的真正期待，而不是用讽刺和挖苦对待他，他就能感知得到，并且能立刻做出改变，这叫作“帮孩子建立价值感”。这对很多家长来说并不难，只要不怪里怪气地讲话就好，只要不指桑骂槐地讲话就好，只要不错误地用“只有给孩子压力，他才能‘出油’”的方法来教育孩子就好。

我们用点儿正常的方法，用轻松给整个家庭带来欢乐的方法来解决问题，一家人就会变得更好。

综合应用

孩子没自信，遇事总说学不会，怎么办？

问题

我是一个单亲妈妈，我自己带一个 6 岁的孩子。孩子要上一年级了，我希望他养成独立思考的习惯、非常勇敢的性格。

很多时候，我采取的方式是鼓励。但是，当我鼓励他做事情的时候，他会说："妈妈，我不会。"我说："妈妈教你呀。"他说："妈妈你教了我，我也不会。"

孩子平时还挺调皮的，是什么样的心理活动造成了这样的思考习惯呢？

樊登解答

孩子是被吓坏了，他此前的自信心被打击过，所以他主动说

他不会。孩子这时候需要的不是鼓励和表扬，而是感谢。当你用居高临下的态度表扬对方的时候，对方会不舒服，比如，表扬对方做了应该做的事情。其实，孩子不需要被表扬那些他做得到的事情。

你唯一要表达的是感谢，比如说："谢谢你今天在公交车上这么安静，让妈妈有休息的时间。""谢谢你帮妈妈收拾好了东西。"如果你能对他表达感谢，他就能感受到自己的价值。只有感受到了自己的价值，他才能找到自信。

面对孩子的调皮，有的家长觉得可爱，有的家长觉得糟糕。我回家，看到我的孩子拿着彩色的笔在墙上画画，写了标语，还写了自己新学的数学公式，整个一面墙都被画得乱糟糟的。我的反应是太好玩了，赶紧拍照。

同样是调皮，家长会有不同的反应。这取决于家长的压力状态：当你的压力大时，你就觉得好烦躁；当你的压力适中或者小时，你就觉得很美好。

你的压力大时，觉得孩子不省心、不懂事，其实孩子是在你面前秀可爱，希望引起你的注意，让妈妈看到他学了一个新东西。但是，妈妈那时候说"老实点儿，你少来"，他慢慢就"学不会了，我什么也学不会了"。

我们讲过一本书《感受爱：在亲密关系中获得幸福的艺术》(*Feeling Loved: The Science of Nurturing Meaningful Connections and Building Lasting Happiness*)。我们总希望对方能够感受到爱，孩子能够感受到爱，但是首先，我们自己应该先感受到爱，要努力调整好自己的压力状态。就算是单亲妈妈，要工作，又要带孩子，自己还要依然感到轻松、愉悦。这时候，孩子在你面前表现出来的才是可爱、有趣、好玩，吸引你的注意力，你才能发自内心地对他表示感谢、肯定、赞叹，他慢慢就有自信心了。

这个良性循环是从减少压力的应激开始的，对自己也要好一点儿，别对自己提太高要求。

孩子上课时注意力不集中，该怎么教育？

问题

我孩子今年 9 岁了，上课时注意力不集中。他个子比较高，9 岁已经 1.5 米了。他从一年级到三年级，始终在最后一排坐着。

樊登：你们俩会对孩子比较凶吗？

家长：他爸脾气不好。

樊登解答

这就是原因。一个孩子上课时注意力不集中，或者写作业时注意力不集中，就是因为家里有人老分散他的注意力。

我上学的时候也在最后一排坐着，虽然我个子很矮，但是因为我老说话，老师就把我调到了最后一排。不过，我上课听讲还是挺认真的。注意力不集中和排座位的关系并不大，核心是他和父母的关系。

如果父母给他造成了特别奇怪的压力，他一想到学习这件事就会担心，就会害怕，怕被人骂，觉得紧张，那他肯定不会专心学习。《陪孩子终身成长》这本书就是帮助家长不做孩子的猪队友，而去做孩子的神助攻。

拿我们大人来说，假如你在学开车的时候，你老公坐在你旁边，说："快，打灯，踩离合，刹车，减速……"他这么说会有助于你开好车吗？不会！有这样一个事件，一位女性开车的时候把油门当刹车一脚踩下去了。事后她讲，正是她老公一直在旁边狂喊，吓得她直接踩错了。

当我们旁边有一个人不停地批评我们的时候，根本无助于我们把一件事做得更好。很多父母在批评孩子不会做作业时最常说的是"我跟你说过几次了"，这背后的含义是"这事不怪我，这事怪你"——父母在跟孩子分清责任，不愿意承担是自己的问题导致他不会做作业。这么做是为什么呢？因为父母小时候也是被骂怕了，所以当现场又出现"惨案"——孩子不会写作业的时候，父母立刻跳出来说"这不怪我"。

不断责骂孩子的过程就是不断推卸责任的过程，这会导致孩子紧张、恐惧，分散注意力，反而更学不会，更学不好。实际上，父母如果能够稍微轻松一点儿、幽默一点儿，拿出更多的精力，让孩子觉得学科学很有意思、学文学很有意思、背古诗很有意思，你就会发现你很轻松，根本不用管，孩子会一路小跑地去把各种该学的东西都学了。

我们现在很多家庭是挥鞭子，孩子不学习，“啪”，挥出一鞭子，还不学，“啪”，又一鞭子。谁愿意做学习的奴隶？不反抗才怪！大量的孩子就在反抗，当孩子走神不学习或者对学习抵触时，就说明孩子潜意识在反抗这件事，说到底就是父母帮了倒忙。

曾经有一个女生，她是名校的毕业生，但是她告诉我，毕业后她除了打游戏，啥都不想干。她说她爸妈以前天天逼着她做作业，把她弄成个学霸。她特认真地学完了，但心里想的是，等学完了就再也不想学了。她心里也很痛苦、无助、茫然，核心原因就是她内在的动力被扑灭了。我们自己首先得理解：孩子是不是能够成长为一个有内在动力的人。

我写的《陪孩子终身成长》《读懂孩子的心》，都在提醒我们大人自己该怎样做，才能点燃孩子内在的动力。

儿子胆小怕事，担心他在学校被欺负，该教他还手吗？

问题

我家孩子 9 岁，男孩，我觉得他有点儿胆小，跟同学打架不敢还手。同学拿了他的圆规，他也不会要。我告诉他："既然是打架，别人打你，你还手是正当防卫。你觉得你打不过他，你还怕他，你就告诉老师。"

樊登：除此之外，孩子身体好吗？成绩好吗？和你的关系好吗？

家长：孩子的身体不错，成绩也可以，和我们的关系很好。

樊登解答

我追问这几个问题，是想提醒家长们多关注孩子身上好的地方。有的家长向我提问，总想找一个孩子的毛病来问一问，其实不算什么毛病。

家长的过度关注和太过操心导致我们太看重一些事。如果一个孩子整天在学校里打别人，把同学打得流鼻血，那这就成了大的问题。家长就会问，孩子有暴力倾向，爱打人怎么办？

这是一个挺好的孩子，不爱打人不是什么缺点。家长担心孩子吃亏是人之常情，但依然要给孩子足够的信任，孩子有自己的处理方法。家长只要告诉他："如果遇到了困难，爸爸妈妈会给你做背后的支撑，你找我们来寻求帮助就好了。"

你教他告状或者打回去都不是正确的方法。告状本身就不是什么好事，会更被排斥。如果你教他"别人打你，你就打他"，整个社会就变成了"谁打我，我就打谁"，还有没有法治？

如果一个孩子在压力面前表现出退缩，他很有可能是偏内向的孩子。《内向孩子的潜在优势》（*The Hidden Gifts of the*

Introverted Child: Helping Your Child Thrive in an Extroverted World）这本书的作者兰妮博士是美国当代重要的内向性格研究专家，她提醒我们的是，如果孩子是内向的，我们应该帮助孩子去发挥内向的优点，而不是改变孩子。内向的孩子有很多优势：拥有丰富的内心生活，懂得停下来品味生活，热爱学习，善于创造性思维，擅长艺术创作，情商高，精于谈话，乐于自处，谦虚，容易养成健康的习惯，是一个好公民，珍惜长期的友谊。

所以，有的孩子内向一点儿，愿意吃亏，是没有太大关系的。美国商业专栏作家阿什利·万斯（Ashlee Vance）写了《硅谷钢铁侠：埃隆·马斯克的冒险人生》（*Elon Musk: Tesla, SpaceX, and the Quest for a Fantastic Future*）一书，让我们看到一个用科技一次次令全球惊艳的人——埃隆·马斯克从小并不风光，他和别的孩子在一起打架也占不到什么便宜，甚至很惨。

所以，家长有时候非得让孩子一切都完美才是一个问题。比如：觉得孩子一切都很好，就是不够外向；即便是外向性格，但是太外向，那也不行……这样的要求是没有终点的。

处理类似“问题”的核心是家长不要对孩子太过要求完美，孩子已经被人欺负了，这时候，家长就不要再雪上加霜了，比如说：“你怎么这样？被人欺负都不敢还手。”这只能让孩子感到更内疚！

要看到孩子身上善良的那一面，他觉得别人打自己，自己疼，那么他打别人，别人也疼，这样的品质多美好，要看到孩子身上这种美好的一面。你要借着这些机会让孩子慢慢地掌握社会的规则，让孩子知道跟别人怎么沟通，跟哪些人交朋友，怎么去处理问题，这全是他要学习的。

除非是恶性的校园霸凌，那要严肃处理。校园霸凌中最重要的一个问题就是被欺凌的对象往往是缺乏关爱的对象，所以，你的孩子谈不上被霸凌。你要是觉得孩子丢了文具，不敢去要，我们大人想想，自己从小到大丢了多少根铅笔……这样的“被欺负”有时候就是正常的一段经历，正常的事就让它正常地慢慢过去。

如果你把这变成不正常，特别严肃地教孩子：“来，学搏击；来，打我。”这样的孩子倒是不吃亏了，但是在外面打人，给你惹祸，到时候你更发愁。别逼他成为一个特别奇怪的人，他的成长就是在不断地摸索，一点点探索这个世界。

面对这么善良的孩子，你应该多去鼓励他身上闪亮的部分。在他表现出勇敢的时候称赞他有勇气，让他自信，让他获得成就感，他的自尊水平会提高，他和父母的关系会更亲密，他就不容易被人欺负了。

女儿把职业电竞当作人生理想，不愿上大学，我该怎么劝阻？

问题

我女儿 15 岁，她迷恋上了“电竞”，她的目标是走职业选手的道路。她私底下找了职业的俱乐部，已经达到入围职业选手的水平，这一切全靠她自己。

但是，她只是一个 15 岁的孩子，我所走的就是正规教育之路，我很担心女儿在最关键的时刻偏离她的轨道。我以前试过一些强制的手段，她也用最强烈的对抗来回击我。她甚至现在就对学校不感兴趣，说朝九晚五的生活不是她所期待的。她想通过电子游戏走职业路线赚第一桶金，再思考自己最想做什么事情。

我内心希望她一定要高考，一定要去上大学，大学毕业之后再自由选择职业之路。

樊登解答

迪士尼的创始人华特·迪士尼（Walt Disney）在开始画画的时候，没有人（包括他的父母）敢认定他将来能创造出让世界惊叹的作品。美国传记作家鲍勃·托马斯（Bob Thomas）认为，华特·迪士尼在 15 岁的时候就已经决定了自己要在绘画方面做出成绩。

当年，当迪士尼打算靠画漫画养活他们家的时候，他的爸爸妈妈会有什么感觉？他的爸爸妈妈一定不敢说这就能养家了，但迪士尼还是一步步创造了令人惊叹的里程碑式的成就。

华特·迪士尼是一个成功的案例，相对应地，也一定有没有成功的案例。但是，一个人是怎么成熟起来的？可能就是他尝试做了一件自己要做的事，开始没做好，后来慢慢找到自己想要做的正确方向，最后成熟了。

相反的方向是：永远在跟父母对抗。当一个人消耗一大半的能量在跟父母对抗的时候，他做的所有的决策都是为了“只要跟我爸妈不一样”就好。这是一个很悲哀的话题。

如果父母断网、砸手机、把手机锁起来都没用，那么孩子长大了，还可能离家出走，甚至会伤害自己和他人，那么父母唯一能做的就是孩子将来混不下去的时候，给他一个家来接纳他。

父母当然希望孩子成为一流的专家、一流的选手，甚至能为国争光，但是，万一孩子没有成为迪士尼，而成了默默无闻的人，放弃了摇滚乐梦想，放弃了画家梦想，放弃了演员梦想，那也就是回归现实生活了而已。

我们特别祝福那些愿意探索未知领域的人，如果年轻人真的都能够为成为摇滚乐歌手、画家、演员、电竞高手去努力，世界会是多么丰富。但我们也知道，在这些领域，成为顶尖人才是很难的事。它们不像做工程师这样的工作，即便是一个普通的工程师，也可以找到一份工作。

但是，人生的经历和历练的过程，只有自己走才能得到。当孩子被父母当作一个成年人时，他的自尊水平才能提高，才能做出自己的选择。

从另外一个角度来讲，未来有些产业很有可能会变得越来越大，工程师之类的产业会消失。日本哲学家岸见一郎所著的《不管教的勇气》这本书讲到一个特别大的谎言：家长对孩子说，“只要你考上大学，我就不管你了”。这个谎言会导致孩子的人生变得非常平庸。

因为孩子以为考上大学就会好，可是考上大学的人真的都过得好吗？考上大学离过得好还远着呢。我们要先放弃脑中对大学的妄念，将来很有可能没有大学了，大学慢慢被颠覆了。现在的学习是，一个人想学什么东西都能学得到，不是为了一张文凭才去学。

有时，家长对孩子的未来并没有清晰的认知，并没有观察到什么最适合孩子。如果大人都有那么多不确定，那就不要充满确定性地管孩子了。我不会告诉你接下来该做什么，我也不能管你，你要自己做出决定，自己去思考这件事。

爸爸经常玩手机不理我，我该怎么办？

问题

我爸老是玩手机，就是不陪我，我甚至有的时候把他的手机故意藏起来，还是被他找到了。他接着还是玩手机，不管我，在手机上看一些电影的解说。

樊登：你希望他陪你干些什么事？你有没有什么好的建议？你有什么想对爸爸说的？

孩子：爸爸，我希望你能陪我散步、读书。也许你因为工作太累想玩手机，但是你可能忽略了一些事情。

樊登解答

我们可以从另外一个角度来理解这件事情，如果你感觉爸爸很爱你，也怀念小时候他老陪你、给你送礼物、在乎你的时光，那么，你现在也能够感受到爸爸对你的爱，有这个就够了。能够知道爸爸在爱着自己，这是最重要的一件事。

我们想让一个人改变最有效的办法，不是藏他的手机，不是老去纠正他，而是提高他的自尊水平。越是打击一个人的自尊水平，他就越不会改。他可能会自责、会痛苦，但是他不会改。

所以，你要经常表扬他一下，夸一下他。比如："爸爸，你那次带我出去玩，我觉得印象很深刻，特别美好。"当你爸爸能够从与你的互动中感到更多快乐、放松和美好的时候，他可能更愿意做这件事。

当他有时间陪你的时候，你应该告诉他："这半个小时，我是多么开心，谢谢爸爸拿出时间来陪我玩。"这叫作"正面的反馈"。正面的反馈越多，他就越愿意干这件事。

但是，你爸爸陪了你半个小时，万一你和你妈妈想借此改变他，会这样对他说："你看，你并不是没时间陪我们，你要是玩手机的话就陪不了这么长时间了……”

生活中，有很多人就是喜欢在别人做对的事的时候，想让对方反思为什么之前做得并不好。这时候，他就得到了负面的反馈。

负面的反馈给对方造成的影响是，他觉得做对了也会被唠叨。慢慢地，他就觉得没劲儿、没动力了。

你在家庭中是一个孩子，孩子同样也可以成为构成家庭良性氛围的发动力，让家变得更融洽、更有动力。

第6章

培养终身成长的心态

我看到很多父母并没有用正确的方式对孩子好，但他们发自内心地认定自己爱孩子，能为孩子奉献一切，就以为自己对孩子很好了。如果父母自己不成长，那么对孩子伤害最大的人正是父母。

所有的美德背后，都是成长型思维

价值感和归属感是阿德勒提出的两个非常重要的动机。

我个人在研究这件事情的过程中，发现仅仅有价值感和归属感，孩子虽然会自己去学习进步，去做事，也能为这个社会创造价值，但有时候还会出现一些偏差。

他会把很多困难当作评判，他做各种各样的事的动力是要证明自己，而不是怎样让自己成为一个更好的人。

我不断地思考：在无条件的爱和价值感之外，还需要加入的第三根支柱是什么？

我的答案是终身成长的心态。

一个人，即使很有能力做事，也愿意为这个社会做贡献，但如果他是一个固定型心态的人，做起事来就会很困难。原因就在于他做事的目的并不单纯，他做事的目的只有一个——证明自己，而不是单纯地做事，这就给他自己带来了很重的负担和包袱。

有一天，我见到了心理学家李中莹老师。他从事心理咨询工作几十年，是非常有经验的心理学家。

我向他请教，我说："很多人问我：樊老师，我被一个人伤害得很厉害，我应该怎么走出来？樊老师，我在上一个工作中严重受挫，我应该怎么走出来？我有一次创业失败，我不知道该怎么走出来……很多人都不知道该怎么走出来，有什么办法能让一个人走出来？"

李老师说："很简单。你先问他，他还打算活多少年？大部分人会说三四十年吧。你就问他：'在这三四十年里，你是希望轻松一点儿活下去，还是一直背着那个包袱走？'你让他选择。等对方说，当然是希望轻松点儿过这三四十年后，你就接着问他：'谁能决定你背不背着包袱？'答案一定是自己。最后，你问他：'你自己可以决定，那你现在决定怎么做？'很多人就会当下做决定，决定把包袱放在身后，往前走，轻松地走。"

他还补充了一个重要的思考："你还要问他，在这些错里，学到点儿东西没有？当一个人从中学到了一点儿东西后，就容易把接下来的路走好了。比如，在一段婚姻里被别人骗，那现在就学得理性一些。当一个人能从过去的挫折中学到一点儿东西的时候，他才能真正轻松。"

就这么几句话，解决了很多人心中无比沉重的包袱。

听他说这些的时候，我立刻意识到，这里边有一个重要的工具，就是终身成长。

也就是说，你要做一个成长型思维的人，而不是一个固定型思维的人。

我在分享《终身成长》（*Mindset：The New Psychology of Success*）这本书的时候，把终身成长叫作“美德背后的美德”。

什么叫“美德背后的美德”？

就是几乎所有你能看到的美好的品德，背后都是终身成长型的思维方式。而你看到的所有错误的思维方式、错误的行为习惯、错误的品格，背后所代表的都是固定型的思维方式。

举个例子来说，谦虚是一种美德。有很多人说：“樊老师，我看你没什么架子，你走南闯北也不带个助理，自己背个双肩包就出发了。”

我为什么这么做？谦虚的背后是什么呢？

原因很简单，我觉得这才“哪儿到哪儿”，人生还早着呢，现在取得的不算什么成就，自己就是个普通人，每天这么正常上下班就够了。

很多事情也都是无所谓的，有时候被书友认出来，要求拍个照。如果时间充裕、场合合适，那就拍一下。

有些人喜欢前呼后拥，还有的人大家都不认识是谁，却戴着墨镜，把自己搞得紧张兮兮的。因为他觉得自己已经成功了，要展示出来，秀给大家看。

所以你看，谦虚并不仅仅是因为一个人知道谦虚有多好，而是因为他知道自己的人生路还长，还有很多事需要做。

友好是一种美德，但有的人并不友好。他谈一桩生意，成了一锤子买卖，事后就与对方崩了。因为他觉得这一次的交易非常重要，如果这一次的交易搞不定，自己就丢脸了，所以一定不能吃亏。

当他把每一次交易失败都看成丢脸时，他会认为占便宜是胜利，不占便宜是失败，一切都是为了证明自己有能力。

他失去的是什么？是他眼中看不到还有未来的交易。万一以后再合作怎么办？所以，当一个人非常较真儿地去谈每一次交易，认为每次交易都不能输的时候，他的生意永远都做不大，因为他费太大力气在谈判上了。当他在谈判上过度用力时，对方看到都吓坏了，还会愿意跟他谈事情吗？

想想看，你是愿意跟那些轻松一点儿的人谈事情，还是愿意跟步步为营、紧张兮兮的人谈判？

在我的事业合作中，我很少花力气跟别人谈判。我一般都会了解一下，在这个合作里，你做什么，我做什么，我们可以这么做吗，可行性怎样。如果可以，那就行动吧。谁吃亏、谁占便宜都不争一时短长，下次再说。因为以后还有无数次合作的机会，你怎么能算清楚每次你都是最优的？

你看，连这件事背后，也是成长型心态，而不是固定型心态。

一个人一旦有了固定型心态，就会活得很累。他做任何事都在意别人怎么看他，都在意这一次是吃亏还是占便宜，都在想自己有没有做出最优的决策，有没有显示出来“我是最棒的，我是最聪明的，我没有犯错”。

如果一个人具有终身成长的心态，他就会觉得每一次都是学习的机会。

为什么不可以尝试一下？即便做错了，能从中学会些什么？因为人生路还长。

作为父母，对待孩子时也是一样的。你是希望孩子将来活得累，活得煎熬，活得整天向别人证明自己，还是希望他能知道从每件事情中都能学到东西，轻松、愉悦地体验人生？这是截然不同的两条道。

显然，如果用终身成长的心态来面对一切，父母和孩子都会轻松得多。所以，我把终身成长的心态列为第三根支柱。

积极的语言互动，让孩子拥有成长型心态

终身成长这种心态的培养，和父母的关系太大了。

一个孩子的成长就是来自与父母的各种互动。

比如，有的父母很在乎孩子的成绩。如果孩子考得不好，父母就立即说："你看这成绩怎么回事？"孩子说："我进步了。"父母会反问："你没看到前面还有那么多人？"

很多父母就是在这种问题上非常较真儿，说："你的努力我没看到结果，我们拿结果说话。"

这时候，孩子会觉得，反正说别的都没用，没有好的结果，父母就会抹杀一切。

最要命的是有了好的结果也未必有用。有了好的结果，家长会说："还可以更好。"

孩子真不知道何时才能让父母满意。

所以，当父母整天用需要孩子证明自己这件事情来威胁孩

子的时候，他从小到大的生活就是不断地证明自己。弹钢琴要考级，考不到一定的级别不行；练习跆拳道也要考带，考不到也不行。做什么事都要用证据来证明。

如果这个孩子的关注点全都在证明自己上，他就体会不到努力的意义了。他会很疑惑："我为什么要冒险？我为什么要学这个新的东西？"

他只会觉得学个新东西是沉重的负担，学了就得再次证明自己厉害，没完没了。

电视剧《士兵突击》里，王宝强所扮演的许三多就具备成长型心态。他什么都敢试，什么都敢报名，不怕丢脸。遇到各种事，别人会笑他又被整了，他们脑子里想的都是丢脸不丢脸、划算不划算，这次是不是又犯傻了。

许三多不觉得是傻，他觉得都是机会，就不断地学习，傻傻地坚持，最后钝感力就出现了。

我分享过一本书叫《钝感力》，作者是日本作家渡边淳一。钝感力提醒我们不要对周围的世界过于敏感：别人的评论、要求对我影响不大，我的核心是学习了没有，进步了没有，有没有变得更好。

我特别喜欢的体育明星中，迈克尔·乔丹（Michael Jordan）就受益于钝感力。

乔丹在高中的时候被篮球队淘汰了，当时的乔丹没有身高优势，技术能力也不强。

乔丹特别沮丧，他特别喜欢打篮球，回家就跟妈妈讲他被篮球队淘汰了。

乔丹的妈妈当时的反应很淡定，只是说："好好练。"

这是对乔丹极为重要的一句话，乔丹学会了遇到问题就要不带情绪地去解决问题。

后来的乔丹凭借艰苦的训练成为篮球界的运动天才。

最有意思的是，当迈克尔·乔丹被全世界誉为"篮球之神"的时候，这位"篮球之神"竟然跑去打棒球了。很多人觉得如果自己是个篮球巨星，再"不务正业"去打棒球，打得不好多丢脸。在众目睽睽之下，自己终结了自己的神话。成绩如果很糟糕，一世英名就毁于一旦。

但乔丹用他的行动告诉我们的是，自己的人生自己决定，想打棒球就去打，何必因为别人的目光而放弃自己的快乐。

乔丹打棒球的确没有那么好，但他的成长型心态不容易受外在的束缚，真是潇洒。

乔丹打完棒球，之后重打篮球了吗？

当然！

乔丹认为，在打篮球的时候，他打的比赛越多，渴望赢球的胃口就越大。所以，当棒球生涯开始后，棒球事业进展缓慢的时候，打棒球对他是很有好处的，因为棒球让他把注意力真正从比赛结果上挪开了，让他回归到参与运动本身的快乐中。

乔丹重回篮球场的时候，复出的第一个赛季并不具备优势，那怎么办？重新练！在艰苦的训练下，他又创造出不可思议的进步，这依靠的就是终身成长的心态。

我们如果能培养出孩子终身成长的心态，就不用担心他不够幸福了，因为他无时无刻不从生活中的每一个事件上吸取养分，都在不断地学习。

如果你不断地评判，不断地给孩子贴标签，不断地对孩子提出结果上的要求，却看不到他努力的过程，他就容易逐渐变成一个极度依赖名声、声望排行榜、收入水平，用这些来衡量自己的人。

把注意力放在过程上

很多人都惧怕参加“同学会”。同学聚会，大家看起来聊得很轻松，但聊着聊着就过渡到一些很现实的问题：买房了吗？多大？什么位置？结婚了吗？几个孩子？放开二胎政策了，你还不生一个？比来比去看谁厉害、钱多。好无聊。

实际上，人生的维度是完全不一样的，一个从来不买房的人依然可以活得非常富足。我那天去见曾梵志先生，他是一位享誉国际、作品被卖到天价的画家。

曾梵志先生跟我讲，对中国当代艺术推进最厉害的人是一个香港的收藏家。这位收藏家在 20 世纪 90 年代，全世界都不买中国现代艺术品的时候，一个人在买年轻画家的画。

曾梵志画的第一批“面具”主题的画，在还没有人买的时候，这位香港的收藏家一次就买了 20 多张。这个主题作品中的《面具系列 1996 No.6》在 1996 年以咨询价的形式拍卖，6500

万港元起拍，最终以1.0502亿港元成交。

很多人一听这个收藏家的经历，就会判断他一定是个大富豪，但实际上，他到现在都没有自己的房子。他一个人在香港租住着公寓，有时候现金流都会断掉。

他酷爱艺术，也愿意帮助艺术家成长，他有自己看待自己和世界的方式。按说他有那么多画，只要拿出来拍卖，就能立即创收，但他很少拿出来拍卖。他倒是会和博物馆联系，觉得哪个博物馆尊重艺术，做得很好，就会送一张画给这个博物馆。

这就是一个有自我评判体系的人，他是真爱艺术的人。如果我们不用庸俗的目光，整天拿谁拥有多少房子来评判，就会发现这个世界上成功的可能都是那些你完全不知道的人。而没有为这个社会做出贡献的人，有钱就只会买房子的人，并不值得我们去关注。

一个人立足社会，终身成长的心态才是最重要的。

那么，是不是父母有终身成长的心态，孩子就一定有呢？

不一定。父母有终身成长的心态，他们未必能把孩子培养成终身成长的人。因为父母如果不懂培养规律的话，照样会做错。

比如，一个人被父母培养得不错，他对自己的孩子却偏偏又变成：给我拿证来，给我看结果，排名第几。这也是不行的。

培养终身成长的心态是有规律和方法的。

具体的方法，首先要建立无条件的爱和价值感，这两个是前提。如果没有爱和价值感，孩子就会生活在评判之中。

史蒂芬·柯维（Stephen Richards Covey）讲过一句话，我觉得特别好，意思是“我来这儿是帮你的，不是来给你打分的”。

但是，我们现在太习惯给孩子评价和打分了，不断地让孩子意识到“你还不行，还排在谁后边”。

这就是更多的时间用来做评判，而不是帮助孩子。家长要能调整心态，首先要意识到，作为一个家长，最重要的事情是给孩子提供帮助，而不是不断地评判他。

接下来，要学会表扬孩子。记住，一定要表扬他的过程和动机，而不是表扬结果。

每个人都会对“自己是有天赋的”这件事有着天然的向往。举个例子来说，有人问我，“樊老师，你去讲解一本书的时候，通常会准备多长时间”，我如果说“我从不准备”，就会显得很酷。

问的人也会感觉“你真是了不起，有天赋”。

实际上，我准备一本书的时间确实很短，那是因为之前我做了足够长时间的练习。

我的工作一直以来就是要天天讲课、天天主持，每天都在练习。

我从来不认为自己有说话的天赋，我过去上台讲话会紧张，腿发抖，抖得桌子都要跟着抖了。包括上台讲话，台词忘掉的情况也出现过。如果再讲到遗传基因，我爸爸是一个大学老师，但是他和校长很少说话，也从不上台讲话，因为他太紧张了，做不到。

我爸爸小时候有一次要代表全校发表演讲，忘词了，在台上站了三分钟，整个世界一片安静。后来，校长上来把他抱了下去。

公开演讲甚至是我爸爸的梦魇，这是我爸爸这一辈子都很难突破的点。他除了讲与数学有关的话题，其他话题都很少参与。

要说遗传，我真的很难找到有说服力的理由，我相信的就是刻意练习，不断地练习来改变结果。

但是，我心里也会有一些渴望，希望大家觉得我还是有点儿天赋的人。这是人之常情，正如米开朗琪罗为西斯廷教堂画了天顶壁画。米开朗琪罗感叹："如果人们了解我下了多大苦功才获得现在的技艺，就会知道这一点儿也不美妙。"我们可以看到，连这样的艺术大师也在为天赋而着迷。

父母如果简单地表扬孩子"宝贝，你真棒""你有天赋""你善于弹钢琴"，这种表扬有一种"有天赋"的感觉，就会引导孩子感觉努力不重要。如果努力不重要，那从现在开始就少做事情，做得越少越显得厉害，还能得到表扬，这多么令人向往。孩子就会越来越着重"不努力也能很棒"。

有一段时间，我确实发现嘟嘟存在这样的问题。他其实很认真地在练钢琴，但是他想表现出一种自己没有好好练习也能够弹得非常好的感觉。

于是，我在表扬他的时候，刻意进行了引导。我不表扬他钢琴弹得好，而是表扬："哇，你今天练得真好，练得认真、投入，你下了功夫，最近进步很快。"就这样把表扬结果变成了表扬过程。

父母意识到，并让孩子也意识到过程和动机才是最重要的，而不是结果，这样，孩子才能逐渐养成成长型心态。

如果父母一看到孩子做错了事、遇到了挫折，第一反应是说，"怎么搞的？怎么错的？为什么跟你说了很多遍都不会"，这就是太重视结果了。为这么一个结果，你在发飙。

其实，就算孩子考不上好的大学，我们也不要用面临末日般的态度来对待孩子。没有人规定一个人 18 岁一定要上大学，以色列人 20 多岁才上大学。

我们只是服从了自己的惯性，觉得孩子 18 岁必须考上大学。有的父母觉得孩子不上大学，天都塌了。那么，那些没有上过大学的人都不能追求幸福的生活了吗？很多父母非常奇怪地执着于那个结果，导致自己和孩子一直处于压力中。如果父母能轻松一点儿，引导孩子总保持学习的心态，从各种事情里学到一些东西，孩子的成长就会好很多。

有一次，嘟嘟回家告诉我，考试只考了 70 分。我很平静地表达了自己的感受，就是我觉得很奇怪。

他自己总结，做题的时候，没有发现考试卷子背面还有题。

我当时就被逗笑了。有时候，我觉得孩子犯点儿错是很萌的。我希望我们家长今后能看到孩子犯错时不再生气，而是觉得孩子萌萌的，很可爱，我们的心态是“多好玩，这孩子真可爱”。我们要懂得珍惜孩子这些可爱的时刻。

我对嘟嘟说：“我过去也发生过这样的情况，忘记答题，那么，咱们这次要学会点儿什么？”

嘟嘟说：“我学会以后把两面都看一下，再交卷。”

很好，这就是学习。

家长应该强调的是从过程中学习，从经验中学习，而不是整天去强调结果、排名，强调你孩子是不是足够聪明。

学习成长型思维，允许失误和挫折

《终身成长》是斯坦福大学的心理学家卡罗尔·德韦克（Carol Dweck）的作品，这本书不但得到了比尔·盖茨（Bill Gates）的推荐，也对萨提亚·纳德拉（Satya Nadella）产生了巨大的影响。萨提亚·纳德拉是继比尔·盖茨、史蒂夫·鲍尔默（Steve Ballmer）之后，微软第三任 CEO。他认为《终身成长》这本书给他带来了很大的力量，他对微软人分享了这样的观点：微软的文化不该是一成不变的，而应该是一种动态的学习型文化。要用成长型思维来描述新文化，这种文化是关于每个人的，任何具有这种态度和思维的人都能摆脱束缚，战胜挑战，进而推动各自的成长，并由此推动微软的成长。

他用这种终身成长的心态帮助互联网时代的霸主，后来因错失了一系列创新机会而暂时落后的微软，在智能时代重获了强大的竞争力。这是非常了不起的一件事，让这么大的一头大象开始跳舞。

核心就是把每个人从过去的天才型思维，变成成长型思维。曾经，大家必须证明“我是这个屋子里最聪明的人”，导致有了问题大家互相推诿、相互责怪，因为“我不能错，都是你的错”。而现在变成了“我们一起从中学点儿什么”，从一件看起来不太美好的事情里吸取一些经验和教训。

这种思维方式不只针对教育孩子，对带领团队、管理公司也是一样的，对于“管理”自己的个人成长同样如此。

孔子追求吾道一以贯之，老子的《道德经》第四十二章的第一句话是：“道生一，一生二，二生三，三生万物。”

大家都希望一通百通。彼得·德鲁克（Peter F. Drucker）说“管理就是最大限度地激发别人的善意”。“善意”这个词显得过于笼统，究竟哪方面的善意才是我们需要去激发的？

我认为“终身成长的心态”是最接近答案的答案，这种心态在任何领域都适用：用来管公司，没有问题；用来带团队，没有问题；用来自己创业、学习、精进，都没有问题。

好多人学习进步不了，原因就是他们对自己的评判总是：“我为什么没记住？”“我怎么又忘了，我是不是脑子有病？”总觉得自己的记忆力有问题，学不会很多新知识，考不过一些重要的考试。

这就是一个人太在乎结果，对自己太严厉，太喜欢批评自己了。当一个人太喜欢批评自己的时候，会对学习产生负面情绪，比如："为什么我学过好多次了，还是没学会？"实际上，你已经记住了一点点，只是还有一些没记住。如果你因为自己记住的那一点点，好好地认可自己，看到自己在记住的知识里找到一点点开心，才能学得越来越好。

一个人之所以对自己如此苛责，与小时候父母的严格是有关系的。所以，学习终身成长的心态，不仅仅是当好的父母，更重要的是更好地善待自己，把自己的心理调整得更好，对自己比对孩子更好。你要是自己都调整不好，就没有更多的余力去管孩子了。

反之，当你开心地学习，积累进步时，才能在孩子身上看到同样的优点。而如果你只是自责、自责、自责，你心里很难受，一定要找个人发泄一下，就有可能把责任推给孩子，觉得孩子耽误了自己的事业。

恶性循环和良性循环两者是可以选择的，选择权在你手上。你可以选择做一个终身成长的人，而不是一个固定型心态的人。

希望我们可以帮助自己和孩子了解从每次挫折中学习的重要性，从每一个成就中学习的重要性。无论是从挫折还是成就中，我们都能学到东西。

这时候，你才不用天天向别人证明自己，因为没有人在乎你的种种细节。人们没有那么多的闲暇时间整天盯着你看，注意力也是一种投入。所以，管好你自己的事，让自己不断地进步，不要背包袱，轻松上阵。

综合应用

两个孩子经常“争宠”，我该如何管好他们？

问题

我是两个孩子的父亲。我有一个男孩和一个女孩。父亲一般跟女孩比较亲，儿子会吃醋，和儿子好了，女儿又不太高兴，所以我很困扰。我想请您给我介绍一本或者几本书，能把他俩都管好，控制起来，或者培养起来。

樊登解答

你用的词“管好”“控制”暴露了你心底的问题。心理学上有一个说法：从没有所谓的“口误”，你希望孩子按照你所设定的方向去发展，导致你觉得孩子撒娇、孩子说“爸爸你偏心”这种小事儿也应该被“掐灭”。

你其实给人的感觉是和蔼可亲的，我猜想你平时和孩子相处时，是很健康的互动，孩子们也很愉快、机灵。这是多么幸福的状态呀！

我们有时候不能享受这样的幸福，常常会想一想还有什么不够好的地方。比如，想到尽管孩子们都很开心，成长得都很好，但是他俩经常吵架、争宠，还经常……当我们只盯着缺点、错误、风险时，我们就无法享受人生了。

你的幸福里，不缺什么书再去单独处理这个所谓的“问题”了。所谓“一本正经”，有时候，吃透一本书，很多情况就自然会处理了，甚至也成为不了问题了。

《宋史·赵普传》:“普少习吏事，寡学术，及为相，太祖常劝以读书。晚年手不释卷，每归私第，阖户启箧取书，读之竟日。及次日临政，处决如流。既薨，家人发箧视之，则《论语》二十篇也。”讲的是大宋名相赵普对《论语》的推崇，也留下了这样一句传说：“半部《论语》治天下。”

《论语》的确是对我影响最大的一本书，我带孩子，都离不开《论语》。《论语》中如果有那么一两句，你真的终身默诵，应对很多情况就足够了。

《论语·雍也篇第六》中有段话是这样的：“哀公问：‘弟子孰为好学？’孔子对曰：‘有颜回者好学，不迁怒，不贰过，不幸短命死矣。今也则亡，未闻好学者也。’”

这段话讲的是孔子回答鲁哀公的提问，其中这一句“不迁怒，不贰过”值得我们反复学习。把这句话学会，我们的一切关系就都顺了。

尤其在亲子教育中，我们生孩子的气经常是迁怒。没必要非得在生活中挑毛病，我们要享受亲子生活，而不是在生活中不断地在鸡蛋里挑骨头，总纠结还应该更好。

人的不安来自还不能安于过幸福的生活，总觉得现在的幸福肯定还有危机，得把这个危机找出来，把它解决掉，结果导致造出很多矛盾来。

其实，孩子之间没有那么多矛盾。如果一定要看一本书，就是前文提到的《不管教的勇气》。“不管教的勇气”，听起来像是让我们做不管孩子的坏家长，但不管教的勇气的核心是：我们大人要知道，每个孩子的成长最终一定是要靠他有自觉性，他意识到他的人生是要靠他自己来掌控、学习、打造的。大人需要有耐心，去发现孩子的亮点，对孩子表达感谢。

有两个孩子的家庭，谁家的孩子之间没点儿分歧？不可能。我跟我姐姐小时候也打过架。孩子之间一定会闹矛盾，一定会有各种各样的问题。

我们就是要安于现状，喜欢它，享受它。

解决了这个问题，生活不只是美好一点点，而是会被点亮很多！

能教好一百个学生，但教不好自己的孩子，怎么办？

问题

我是一名语言艺术老师，我教了一百多个学生。我面对学生的时候，会很有耐心地言传身教，但我对自己的女儿，不超过三遍，我就没耐心了，声音会放大，会急躁、生气。

我读了《正面管教》和《原生家庭：如何修补自己的性格缺陷》(*Toxic Parents*)，知道了一些方法，但我就是不知道怎么把方式、方法武装到自己身上，让我改进对孩子的教育和引导。

樊登解答

首先不要再说这样的话了，别暗示自己做不到。总强调这件事，慢慢你就相信你真的做不到。不要强化负面的想法。

实际上，能不能做到取决于你是否有责任感。只要你想做到，你立刻就能做到。你教别的孩子和教自己的孩子不一样，原因是你不完全相信自己的教育方法。如果你真的相信自己的教育方法，你在外教别的孩子的时候，就不是装，也不会演，而是发自内心。

你教育自己的孩子的时候是自然流露，之所以产生这样的矛盾，是因为你并没有从心底相信用耐心教育这件事。很多老师都说这样的话："如果这是我的孩子，我就……"这样的话证明他们有多累，他们每天都是用自己并不相信的教育方式应付工作。

我们应该深入地了解教育为什么要有耐心，如果你了解了这件事情的重要性，就绝不仅仅是用在别的孩子身上，而是更多地用在自己孩子身上。

作为爸爸，你不愿意和孩子一起面对困难吗？你不愿意和她一起剖析问题，在她学会了一点点，有一丝进步的时候给她鼓励，帮助她学会，让她看到学习的乐趣吗？

相信自己做得到，只要自己愿意做到，立刻就能做到！

想选择丁克，但内心很喜欢小孩子，怎么办？

问题

我想选择丁克，我听了《亲密关系》、《母爱的羁绊》（*Will I Ever Be Good Enough? Healing the Daughters of Narcissistic Mothers*）、《原生家庭：如何修补自己的性格缺陷》后，我怕教不好孩子，但是我又喜欢孩子，应该怎么做？

樊登解答

你想选择丁克是因为怕教育不好孩子，但听了很多关于教育的书后，你不是应该觉得更有信心吗？别人都没听过，但人家都生孩子了。

你听完后说太难了，我没想到我讲书有这么惨痛的负面效果。

你要真听了我讲的书，并且听懂了的话，就会相信教育孩子是一件既容易又快乐的事。比如《你就是孩子最好的玩具》和《如何培养孩子的社会能力》（*Raising a Thinking Child: Help Your Young Child to Resolve Everyday Conflicts and Get Along with Others*），这两本书听明白后，你就会觉得带孩子并不难。

孩子的大脑像一张白纸，等着你去涂颜色，你只需要给他爱、照顾他、引导他，让他了解这个世界，给他做导游。就算做坏了，他也就是个一般人，也不至于成为一个犯罪分子。

问：我怕给不了他正确的引导，怎么办？

这个世界没有最好，你要相信他人的生命力。孩子有自己的生命力，他自己会成长。你不能因为担心，就选择干脆不给他生命。选择丁克这件事一般来说不会是出于这个原因。我见过一个选择丁克的家庭，熬到 45 岁生了个孩子。此前，夫妻俩一直坚持丁克，说自己不喜欢孩子，别跟他们讨论孩子。后来，妻子突然成了高龄产妇，他们还是期待孩子带来的那种其他事情带不来的快乐，他们羡慕。所以，你不生孩子，可能会有点儿遗憾！

你的问题在于如果你有这样的思维模式，觉得一件事如果做不到最好，就干脆不做，这是一件可怕的事。

问：我爸爸因车祸去世了，我至今不能接受，已经三年了。我害怕我的孩子有一天要面对我离开这个世界这件事情，我该怎么办？

这是一种创伤，你还没有从失去中走出来，这种感觉叫作“丧失”。这可能需要一段时间，但不能因为这件事你就认定将来你跟孩子的分离也是孩子无法接受的，就不要孩子了。那就成了因噎废食，等于倒洗澡水的时候连孩子都倒掉了。

纽约大学心理学博士盖伊·温奇博士（Guy Winch，Ph.D.）所著的《情绪急救：治疗失败、拒绝、内疚等因素导致的各种日常精神伤害的实用策略》（*Emotional First Aid: Practical Strategies for Treating Failure,Rejection,Guilt,and Other Everyday Psychological Injuries*）这本书讲到怎样面对生命中的丧失，能有助于你从父亲离开这件事情中走出来。

生活还是要继续，否则父亲给了你那么多爱，你把它放到哪儿去？

你需要把那些爱传承下去给下一代，看着他成长。父亲的爱会随着孩子回到这个世界上来，这就是我们整个世界生生不息的一个原理。

3 在冲突中寻找解决方案

第7章

叛逆不是孩子的错

每当我分享孩子教育的问题时，总会有很多父母很难过地告诉我：“樊老师，我听得太晚了。你说的在孩子的成长期应该给孩子的教育，都很好，但现在怎么办，我的孩子现在跟我是仇人，没救了。”

经常遇到这样的问题，所以，我们接下来要分析孩子已经叛逆了应该怎么办。

叛逆的背后是无助

我在“樊登读书”分享了《叛逆不是孩子的错 ：不打、不骂、不动气的温暖教养术》（*10 Days to a Less Defiant Child: The Breakthrough Program for Overcoming Your Child's Difficult Behavior*），这本书全面地分析了孩子叛逆的解决问题。

有一次，在一家樊登书店，有个妈妈带着孩子从门口经过，看到书店的电视里播放的是我在分享这本书。这位家长看到了，便说：“叛逆不是孩子的错，难道是家长的错？”

很有意思的事情发生了，我们的店员说：“大姐，您可以进来看一下。”这个妈妈说：“不看了。”但是，孩子却说：“妈，我们进去看看吧。”

孩子就把她拉进店里，看了十分钟，妈妈就决定加入“樊登读书”。

其实，家长要解决孩子的叛逆问题，就要从意识到叛逆不是孩子的错开始。

叛逆背后的心理动机是什么？

很多人不知道孩子为什么叛逆，其实叛逆背后的心理动机是——无助。

无助是最核心的。孩子的身体快速成长，长得比爸爸妈妈都高了，在这一刻，他会很慌乱。他要进入这个社会，快成为一个成年人了。但是，孩子这时候什么都不会，完全不知道怎么应对这个社会。如果被人骗了怎么办？被伤害了怎么办？

孩子心里存着无数无助的情感，但是，他得不到来自父母的回应，很多父母都帮不上忙。父母对于一个身体和情感都在快速成长的孩子也是迷茫的，甚至疑惑对已经开始学会爱别人的孩子，主要的要求是什么。大多数父母对孩子的要求是做题、写作业、考大学，对于这样一个单维度的要求，父母对孩子唯一实实在在的帮助就是交学费。除了交学费就是物质支持，其他的都不管。

孩子得不到来自任何方面的支持，在他无助的时候，情绪起主导作用，于是每次跟父母沟通的过程不是“逃”，就是“打”。“逃”就是把门关起来不与父母沟通，表示“都别理我”，或者离家出走。“打”就是一种激烈的对抗，比如：你跟我喊，我就跟你喊；你骂我，我就骂你；你推我，我就推你；你跟我断绝父子关系，我就跟你断绝子父关系。

孩子叛逆的核心是无助。他因为缺少爱、缺少价值感，也不知道如何终身成长。这三根支柱没有建立起来，一定叛逆得很厉害。如果妈妈特别唠叨，孩子就会叛逆得更严重。我们从很多个案中能看出这样的结果。有的妈妈很焦虑，一聊孩子就是“我儿子不行，我天天盯着他都不行，怎么办，怎么办”。我一看她的痛苦状态，就知道怎么回事，便问：“家里的孩子陷入了叛逆，是吗？”妈妈说：“是的，您怎么知道？”因为妈妈天天这样唠叨，孩子就会越来越心烦。

如果一个家庭中，爸爸出现了三种情况，要么不在，要么太凶，要么不被尊重，这都属于父爱的缺失，或者父爱没有表达出来，孩子的成瘾性人格就会很厉害。成瘾性人格的表现是，抽烟成瘾、打游戏成瘾、吸毒成瘾、搞摇滚乐队成瘾、加入不良组织成瘾。

我们“樊登读书”有一个工作人员，烟抽得很厉害。我说：“咱们团队的人不会抽得这么厉害的，我分享过一本书叫《这本书能让你戒烟》（*Allen Carr's Easy Way to Stop Smoking: Be a Happy Non-Smoker for the Rest of Your Life*），你听一下。”他说：“樊老师，我不敢听。”我说：“为啥？”他说：“我怕我听了，还戒不掉，给你丢脸。”我说：“你听一下试试。”他说：“实际上，我听了好几遍也没戒掉。”那本书真的帮很多人戒了烟，很多书友都特意来表示过感谢。

我突然问他：“你小时候，爸爸是不是经常揍你？”这个问题就是这么直接，很多问题都来自孩子与父母的关系。

他说："吊起来打。"

他爸很暴力地对待孩子，导致的结果就是他抽烟根本停不下来，只要有空就去抽烟。而且，他对他爸极其内疚。这种关系是特别奇怪的，他的斯德哥尔摩效应非常明显，他爸生病的时候，他哭得最厉害。

很多人有一个错误的观点——"棍棒底下出孝子"，就是真的把孩子虐待了，孩子要么变成一个浪子，混了黑社会，要么非常孝顺，形成斯德哥尔摩效应。这样的人从小没有感受过爱，这是很可怕的一件事。他没有健康的人格，不爱这个世界，只爱打他的人，因为那个人在精神上把他彻底打服了。这种爱是纠结的，是变态的，是可怕的。他心中有一种恨，这种恨会发作到别人身上。他可以跟其他所有人打架，可以得罪其他所有人。

当一个孩子已经出现了叛逆的症状，形成成瘾性人格，或者是大喊大叫地和父母吵架，父母该怎么做？

第一件事，就是停止唠叨，停止大喊大叫。

为什么停止唠叨？

很简单，唠叨没用。之前唠叨了那么多年，都被证明是没有用的，就赶紧停止，还有什么舍不得的？立即停止唠叨。哪怕先放任不管，都好过使劲儿地唠叨。

为什么要停止大喊大叫？

因为大喊大叫能促使你们双方分泌大量的肾上腺素，两个人就一定会冲撞，会吵得不可开交。在一个家庭里，声音最小的人应该最有权力。他的声音最小，大家要用心听，大喊大叫的人是不被看见的。有的家庭里，妈妈喜欢当着客人的面，对爸爸一番数落。爸爸的反应是对方说什么，自己根本听不见。

大喊大叫的声音是被忽略的。这是非常糟糕的状态，大家相互之间没有信任。

停止唠叨，停止大喊大叫，是我们作为父母需要做的最重要的事。

想让孩子改变，自己就得先改变。如果你不改变，亲子间的互动方式不改变，孩子就不可能改变。

如果孩子说："我不想改变。"父母可以说："我们先改变给你看。"

遇到叛逆的孩子，父母要先改变，去学习，去了解更多的方法，而不是把孩子送去戒网瘾中心，那种方法是会出人命的。很多孩子进去以后，受着所谓的"军事化管理"，被电击体罚，孩子的精神都崩溃了。

大家想想看，一个十几岁的孩子如果犯了不小的错，连国家都不会把他送到监狱里，而我们有的父母却把孩子送到一个比监狱更残酷的地方，用体罚的方法控制孩子。有的孩子大冬天不让穿衣服，站在雪地里，用这样的方法来摧毁孩子，这跟邪教给人洗脑没有任何区别。

你如果读过一本叫《洗脑术：怎样有逻辑地说服他人》的书的话，就能理解所有洗脑的方法，前提都是想让这个人特别痛苦。当一个人的身体特别痛苦，比如饿到极致的时候，就会对那个给他一份盒饭的人无比感恩。这时候就可以控制他，让他干什么，他就干什么。这都是非常简单粗暴，一眼就能看到原理的方法。

这些方法会对人产生极大的伤害，人就会变成奴隶、变成动物，不会成为正常的人。他甚至会自杀，会死在戒网瘾中心里。

所以，父母为了孩子一定要无比清醒，不要去关注戒网瘾中心在哪儿，那是特别可怕的一件事。

与孩子进行有效对话

当孩子开始叛逆了，你眼中看到的可能都是孩子的缺点、错误。但是，你一定要相信，即便孩子已经跌入谷底了，他身上也依然会有一些亮点。

比如，你身体不舒服，孩子冲你吼叫："谁让你穿那么少的衣服？！"青春期的孩子容易说话很冲，但是这句话背后是什么？是对妈妈的关心，不高兴和生气只是没有恰当地表达对妈妈的关心。

孩子用这种爆炸式吼叫的方法来表达情感，叫作"述情障碍"。述情障碍就是不能准确地表达自己，很多家里都这样。孩子怎么会有述情障碍？答案有可能就是在他小时候家长与他的互动就是这样的。

当孩子这样吼叫的时候，家长不要生气，要更加冷静地去发掘这里边的美好，发掘孩子的亮点。开始的时候，要每天逼迫自己发现孩子的亮点，并表达出来。

当你更多地去挖掘和表达的时候，孩子会慢慢软化。这里要注意，家长不要追求快速见效，比如“我已经这样做了五天，还没有用”。要知道，你和孩子的关系走到现在，是用了多少天，用了多少年，想五天就变好，是不符合规律的。

要有耐心，先改变自己，让自己变成一个会好好说话、有温柔态度、能发现别人的亮点，能给予别人鼓励、温暖和爱的人。

要是自己这关都过不了，就无法真的变成一个给孩子提供正能量的人，就有可能是换了一种方式在讽刺他。

这时，要学会一个原则：家里遇到各种困难、问题、冲突的时候，要学会先处理好情绪，再来谈事情。

此处，分享一本叫作《关键对话：如何高效能沟通》（*Crucial Conversations: Tools for Talking When Stakes Are High*）的书。这本书提倡我们去做双核的对话人，一核负责谈内容，一核负责谈氛围和情绪。我们应该优先照顾哪个？一定是优先照顾自己的情绪。搞不定自己的情绪，任何事情都谈不好。

很多父母在和叛逆的孩子聊天的时候，过于较真儿。明明某一句话就是一句气话，但是大家要把气话当真话来讨论。就这句气话不停地吵，找对方语言中的漏洞来攻击对方，把家庭聊天置于一场辩论赛中。当辩论赛来了，双方的肾上腺素分泌旺盛时，人的反应是很快的，就像被打了兴奋剂一样，你都很佩服自己怎么能说出这么连贯的排比句，怎么能抓住这么多错综复杂的漏洞。

开个玩笑，如果我和我爱人要争执一件事情，我还曾是国际大专辩论会的冠军，但我辩论不赢她。她状态奇好，如有神助，能快速找出特别多的漏洞来让我没有话说。

但是，当人没有处理好情绪，只是在处理问题的时候，即便是吵赢了，最后的结果是什么？在一个家里，家人之间除了伤心，让双方的伤痕变得更深，没有任何帮助。

当和孩子发生这种情况的时候，你必须得调动自己先处理好氛围和情绪。简单地概括，就是你要学会反映情感，能准确地说出对方此刻的感受。比如对孩子说："我知道你听到妈妈这样说你，很失望。你特别想去参加同学会，是吗？你此刻很生气，是因为我们没有好好来沟通和讨论这件事。"这是反映情感。当你能准确地说出对方此刻的感受的时候，你就等着奇迹发生好了。

奇迹发生就是你能看到孩子开始软化、开始认同，他会点头，说自己的感受。他会开启倾诉模式："是，我就是生气，长期以来都是这样，你们对我并不关心……"我们不讨论孩子说的话对不对，是不是事实，只要他开始这样说话，不是大喊大叫的状态，他的情绪水平就开始恢复平稳了。

这是非常重要而有效的招数，不仅可以用在叛逆的孩子身上，用在配偶身上也一样，用在客户投诉上也一样，这就是好的倾听。倾听的最高境界是反映情感。在对方情绪激动的时候，我们能通过理解对方的语言，准确地说出对方此刻的情感感受，让对方的情绪水平下降。

还有一个沟通的技巧，就是你要学会向一个青春期的孩子多提问，少给建议。因为建议暗含着一种批评，比如“你应该……”，孩子的抵触就来了——“凭什么应该”。“你应该……”这句话背后潜藏的意思就是孩子本来应该做到什么，但是他没做到，这就是批评。青春期的孩子不需要特别多的建议，建议会让他的情绪反弹变得更厉害。

比提建议更有效的方法就是多提问。

在《高绩效教练》（*Coaching for Performance: The Principles and Practice of Coaching and Leadership*）这本书里分享了正确的方法，比如：“这件事情你是怎么想的？”“如果这样做的话，会有什么样的后果？”“在所有这些备选方案中，你觉得最喜欢的是哪个？”“还有没有更大的可能？”当这样四组问题提出来后，这个孩子的思路就逐渐清晰了，他就能找到自己的责任感了。

一个人做事最重要的动力来自他要有对现状的认知，还要有责任感。父母帮孩子认知现状，让他肩负自己的责任，他才能把这件事做好。如果我们用告知的方法告诉他“你应该这么做，你应该那样做”，他既不会建立认知，也不会建立自我责任，他会觉得“反正是你让我这么做的”。如果他没有做好，那最后怪谁呢？怪父母。而且，他更有动力做不好，因为父母的建议如果总是对的，那不就是他自己是错的？更显得他没面子。他会想“这件事在你看来，给个这么轻松的建议就做好了，显得我多笨”。孩子潜意识在起作用的时候，就会刻意把事情做坏。做坏了之后再对父母说：“你告诉我应该做的事，我做了，但是并不管用。”

在管理公司的时候，如果不能让员工自己建立责任感，那么其他的方式导致的结果经常就是：告知无效，批评无效，吼叫无效。

所以，有效的方法就是通过提问来调动孩子，让他清晰地意识到现状是什么，让他意识到未来会有什么样的选择。父母如果能学会提问，而不是用告知的方法，对叛逆的青春期的孩子会有莫大的帮助。

成为积极的父母，才能培养出了不起的孩子

父母要多做一些积极的事情。父母可以多表达一点儿爱，比如多组织一些一起去旅游这样轻松的活动，带孩子一块儿看他感兴趣的电影，陪他去参加一个他感兴趣的动漫展，实现他的一个小梦想，等等。

切记，千万不要把这些都附加上条件！

这就是我们此前讲的“无条件的爱”那一章所强调的。不要说：“想参加动漫展可以，你必须考进前三名。”“想去看电影，咱们敢不敢定个协议？”父母何必如此？孩子有个心愿，只要是健康的、正当的，就可以直接告诉他：“没问题，爸爸确定给你去买票。”这一切都没有条件，因为父母就是无条件地爱孩子，没有任何附加条件。

当你能展示出这种无私的爱，展示出自己对孩子的这种耐心、宽容，对他未来的期许时，你根本不需要威胁他，孩子就

会慢慢地软化。叛逆期的孩子最重要的就是软化，回归到柔软的状态，而不是天天像打了鸡血一样，跟谁都要斗，看到谁都要吵架。

一定不要被孩子表面的强硬所影响，记住：孩子叛逆的背后是敏感、是脆弱、是无助。

我在“樊登读书”分享过一本叫《活好：我这样活到 105 岁》的书，在“培养孩子”的章节中，作者日野原重明讲到自己两三岁的时候，遇到有事情不明白或者不能接受时，从来不听大人解释，直接躺在地上打滚，又哭又闹两个小时。

他的妈妈没有立即把他打一顿，而是非常有耐心地笑着说：“这个孩子啊，将来长大了，会成为一个了不起的人，还是会变成一个大无赖呢？”

就是这样包容的慈悲心和耐心，让这个孩子从小就能感受到父母对他无条件的爱。孩子当然想长大了以后成为一个了不起的人。

这就是我们帮助叛逆期的孩子所应该用到的方法。很多人一提叛逆期的孩子，用的词都是如何对付。其实我们不是对付，而是要帮助他，我们爱孩子，希望他变得更好。给各位读者讲一句宽心的话：就算你是非常糟糕的家长，你的方法错了，这个孩子也终会走过叛逆期。也许孩子过了 30 岁之后，他说：“爸爸，我回来了。”孩子总会回归家庭。

但是，这中间的伤害是很大的，孩子很有可能错失了最佳的发展机会，很有可能给他造成了心理伤害，即资格感缺失。

一个受伤的孩子长大后，容易把坏的习惯带入他和他的孩子的亲子关系中去，很有可能会伤害到他的家人。

不管你怎么对待孩子，孩子都会长大，都能长成一个成年人，但是我依然希望大家能用正确的方法，减少对自己、对社会、对家庭的伤害。

希望能帮到那些孩子已经有了叛逆症状的家庭。我们要去发现孩子的亮点。当我们去表扬孩子，减少大喊大叫，先处理情绪，再处理问题，多做一些温暖的事情时，孩子一定能感觉得到你的爱。

综合应用

女儿总爱看不正经的书，怎么办？

问题

我女儿总爱看暗黑系的书，血腥、暴力、残忍。我一看吓坏了，就和她爸爸“合谋”把书给扔了……这样的书对孩子的人生观、价值观有什么样的影响？是不是无法让孩子获得正面的知识？

樊登解答

首先我们应该反思：孩子为什么喜欢看这个类型的书？其他的方向没有让她找到乐趣，她才会朝着这个最容易给人性带来刺激的方向走。

人在趣味这件事上，有一种反脆弱的能力，就是你越打击它，它反弹得就越厉害。阅读也是如此，如果父母对孩子说“这些书你不能看，太吓人，多恐怖”，孩子会觉得“好酷呀！我爸妈都不敢看，但是我敢看”。

父母这样的行为让孩子更有劲儿去看这种书了，这就是有的事情屡禁不止的原因。其实不如和她聊一聊，听她讲一讲，慢慢地给她介绍一些更好的书，慢慢让她感受到那些名著的力量。

从另一个角度来讲，我个人的经验是每个孩子小时候都看过很多糟糕的书。有的妈妈说自己看过“古龙”“金庸”“琼瑶”，这些名家的书绝对不在此列。有一些根本就叫不上名字的书，大人们也都看过。其实，那些书对我们人生观的影响都是有限的，它们唯一的好处是帮助我们养成了一个用阅读来消遣的习惯，总好过没有这个习惯。

我有一个个人的论断，确实是没有做过科学研究，在我的感性认识里，很多人读了很多糟糕的书，但是只要他有阅读的习惯，最终肯定会归于经典，原因就是经典的那种美好是高层次的，低级的趣味不可能持续。《红楼梦》就是一代一代人读下来，粉丝永远都有，原因就是它是一种高级趣味。大浪淘沙，最后一定是好的东西能够留下来。

因此，你和女儿在这件事上有矛盾，一定要做个取舍。父母把书都偷偷扔了、藏起来，假装摔了一跤，“哎呀”，书撕破了，这样做的影响要比她看书本身大得多。她会跟父母学会将来解决问题的时候，把别人的东西偷偷破坏就好了。所以，塑造一个孩子的人生观最重要的是父母的行为，而不是那些书。我儿子爱读《2010：太空漫游》（*2010: Odyssey Two*），那是我推荐给他的，他就开始看。关键点在于是我推荐的，他信。

所以，本质在于孩子和父母之间的关系。如果父母给孩子推荐一本书，孩子不信任这种推荐，我们就要自我反思。嘟嘟读完《2010：太空漫游》，问我能不能再看《2061：太空漫游》（*2061: Odyssey Three*）、《3001：太空漫游》（*3001: The Final Odyssey*）。他喜欢，所以要看全套的书。《牛顿传》（*Isaac Newton*）、《爱因斯坦传》、《世界观：现代人必须要懂的科学哲学和科学史》（*Worldviews: An Introduction to the History and Philosophy of Science*），他都爱读。所以，孩子的阅读品位是大人引导的，强制绝对不是好的方法。

建议父母认真读透《关键对话：如何高效能沟通》，然后做好准备，和孩子来一次关键对话，尽量去尊重他、引导他，你的趣味会慢慢地影响他的趣味。

女儿青春期叛逆，我该怎么管教？

问题

我的女儿 12 岁，处于青春期，比较叛逆，要上初中了，很难沟通。很多时候，我要和她沟通，她都说“你也不懂”。面对中考，我很焦虑。

樊登解答

你们互相不懂对方的世界，也能好好相处，至少可以保持尊重，也能好好生活。

我和邓晓芒教授聊天，他是中国著名的哲学家。他年过七十，50 多年前开始读哲学书。他初中毕业后，上山下乡到了农村，只找到了一本列宁的哲学书。从这本书开始读起，他慢慢成为中国杰出的哲学家。我和他探讨人生发展的规律，他说最大的收获就在于“没人管”，想读什么就读什么，喜欢哲学就使劲儿读哲学，不知道读哲学有啥用，就是觉得好玩。他读哲学书，研究黑格尔，读成哲学家。

反思有的教育，就像生产冰棍儿的格子，一浇注，最后出来的冰棍儿都差不多。在这个世界上，每个孩子的成长都是一个复杂的过程，而不是一个简单的过程。如果我们要简单地对应，最后孩子就成了一个平庸的人。这不是孩子的问题，而是大人的焦虑无处安放。

《你的生存本能正在杀死你》（*Your Survival Instinct Is Killing You*）这本书中讲到焦虑、不安、恐慌等不适感受来自原始的生存本能。一个妈妈的原始本能是“保护女儿”“我们不能输在起跑线上”。关键是原始人不会判断对错，他们判断对错的唯一标准是别人在干什么：别人跑，自己也跑，即便不跑才是对的。我们如果还被原始的本能驱动，就会变成“别人争学区房，我也要争”“别人都上重点，我也要上”，忽视了你的孩子有不一样的成长方式。而且，换个角度来说，你不管他，也许他考学更容易。这并不是佛系，而是耐心，可能你会明白你的努力也许只会让事情变得更糟。

孩子到了12岁，父母要干预的事情其实不多了。和青春期的孩子相处，要学会三条：

第一条，也是最重要的一条，保护孩子的安全。

第二条，和孩子建立情感的沟通。

第三条，分享父母的成长经历。讲一讲你当年有没有犯过错，有没有走过弯路，遇到挫折的时候是怎么思考，怎么战胜困难的。

父母只能有耐心地等待孩子找到他人生的使命。

实际上你放心，小孩子也是一只“小野兽”。你女儿也想上重点高中，她看到别的同学都想去，她自己也会想去，而且上重点高中多有面子。父母给孩子时间去安排自己的学习，考上就读，考不上就不去，如此而已。

在你“腾”的一下火气上来的时候，你要学会先点头，用点头让你的焦虑下降。等你的情绪恢复正常了，再和孩子沟通。时刻提醒自己，耐心很重要。

孩子要过自己的人生，你是一名园丁，你要让孩子自己成长起来，长成她想要成为的样子。园丁当然可以影响花，你可以用正确的价值观引导孩子，让孩子看到更美好的世界。当孩子的眼界开阔了，价值观正确了，就不会浪费自己的生命了。

孩子青春期叛逆、厌学、玩游戏，还有机会学好吗？

问题

孩子到了青春期，已经有叛逆、厌学、玩游戏的倾向了，还有机会吗，还是我们只能“静待花开”？

樊登解答

人这一辈子永远都是“静待花开”的过程，关键是怎么“静待花开”。如果你能用一种积极的方式和孩子互动，关心他、理解他，和他积极交流，和他一起旅行，这也是一种“静待花开”的方式，所以这个词的含义要看怎么理解。

《解码青春期》（*The Grown-Up's Guide to Teenage Humans*）这本书对你会有帮助，是专门讲青春期的。书的作者是一个孤儿，曾备受欺凌，所以身上总是带着刺。每到一个寄养家庭，他就开始闹。他每次进入寄养家庭都是这样的：

> 实际上，我一直在记日志，在一个有着黑白斑驳封面的美德牌日记本上，记录着我多快能被收养家庭踢出去的统计数据。
>
> 第一栏：我到达某个家庭的日期
>
> 第二栏：我被踢出去的日期
>
> 第三栏：为了被踢出去，我使用的策略

目标：刷新最快纪录，这个纪录曾经一度保持在不到一周就被踢出去。

直到遇到最后一个爸爸，他很有耐心，也有方法。这个孩子“在限速 65 英里 / 小时的 35 号州际公路上，以至少每小时 85 英里的速度飞驰着超过了一辆警车”。后来，他因为没有上保险，没有驾照，被送进了监狱。

他给这个爸爸打电话，爸爸说：“乔希，我会去保释你。但是得等到明天。再见！”

第二天早上，爸爸把他保释出来以后，在我们看来这是一个没救了的孩子，这位爸爸却对他说：“孩子，我们不把你看成一个难题，我们把你看作是一个机会。”这一句话改变了这个孩子。这个孩子也就是作者，后来曾在哈佛大学、斯坦福大学、麻省理工学院等学校进行了关于青少年问题的演讲，在美国也是一位知名青少年专家。

这个故事告诉我们，一个孩子到了青春期，就算犯了那么多错，他依然需要一个成年人—— 一个能够给他讲明白道理的成年人耐心地陪伴他成长。

孩子比我们想象的更需要父母陪伴，青春期的很多焦虑来自孩子觉得要离开家了，他特别不想离开自己的父母，但是他不说，他做的是不断地推开父母，说“你离我远点儿，不用你管我”。当他不断做这个动作的时候，实际上他是在不断地考验父母到底会不会帮助自己。

《解码青春期》有一个很好的类比，作者有一次去坐非常危险的木质过山车，上去之后，他非常紧张，因为没有安全带，只有一个压在腿上的压杆。他就反复地推压杆，不停地推，推压杆的过程就是检验压杆到底是不是安全的过程。

孩子也一样，当一个青春期的孩子不断地推他的父母、挑衅他的父母，不断地做这个测试的时候，其实他就是想看看压杆牢不牢。

不要觉得太晚了，从什么时候开始都来得及。父母觉醒了，意识到自己身上的责任了，才能找到正确的那个“静待花开”的姿势。

“静待花开”不是什么都不做，也不是延续过去错误的方法，而是要找到一个正确的方法，才能学会有耐心，才会起到作用。

千万不要觉得无能无力，一定有机会！

孩子极度焦虑、易怒，已经辍学在家，家长该怎么办？

问题

我家孩子上四年级，他脾气很大，已经休学两个月了。我离异了，孩子平时是我和老人在带。我管他还是很严厉的，有时有些暴力，也打过他，他说：“妈妈不爱我了，都不爱我了。”

樊登解答

这件事本质上一定是来自父母和孩子的关系，暴力之下，孩子就会焦虑。如果大人整天说孩子不好，整天批评他、指责他，就会让他有这样的认知，他觉得自己总是不对的。

所以，如果已经这样了，让孩子休息一段时间其实没什么不好。最重要的是改变你和他互动的方式，你要了解怎样跟孩子建立爱的关系，怎样让孩子感觉到妈妈是他爱的屏障。

因为他会觉得："爸爸已经不在身边了，妈妈又天天骂我。妈妈如果不爱我的话，我活着还有什么意思，我的人生没价值了……"当他觉得人生没有价值的时候，他就不明白：为啥要学习？为啥要上学？上学没价值呀，我这是为谁呀？

大人得先跟他建立爱的联系，建立起来爱的联系后，慢慢地带着他一块儿探索这个世界，让他知道学知识的好处，让他听或看一些类似于《列奥纳多·达·芬奇传》《硅谷钢铁侠：埃隆·马斯克的冒险人生》《苏东坡传》这样的图书，让他感受到有知识、有文化的那种美好，逐渐带他走出来。

孩子休学半年、一年不是什么大事，千万不要觉得"完了，这都休学一年了，以后怎么办"。不要紧，有很多人还带孩子环球旅游一年呢。

你要带孩子正确地看待这件事，对孩子说："咱们的互动可能有问题，妈妈决定改。趁这个机会休息、学习，我们共同找出一个更好的互动方法。"可以看一看《读懂孩子的心》这本书。

还可以带着老人一起学习，老人偶尔使用暴力也不可以。过去都说老人溺爱孩子，现在有的家庭使用暴力的正是老人，因为老人的精力不济了，精力不济的时候最容易暴躁，最容易发脾气，就会变得很凶。

你在孩子身上要多下一点儿功夫，让他感受到爱和安全感，多鼓励他、肯定他，给他指引正确的方向。慢慢地，再找到一个新的机会，让孩子去上学。

第8章

改变自己和父母的关系模式

我们和孩子的关系模式，很有可能来自我们和父母的关系。所以，只有把和父母的关系理顺了，才能从根源上让自己成长起来。

让自己拥有成熟而健全的人格，我们的亲子关系也会更健康。

如何修复与父母的关系

我想给大家分享一个重要的话题：已经是成年人的你，要如何改变自己和父母的关系。以上的学习，我们分享的都是我们如何做父母，或者为将来可能和孩子之间出现的一切状况做了充足的准备。但是，如果一个人和父母之间的关系是僵持的，是没有改变的，那么，怎样才能让自己从一个感受不到爱的孩子，变成一个更加健康的人？改变的步骤是什么？

成年人有各种各样的苦恼，有拖延症、焦虑症、强迫症，改变不了是因为我们改变的方法错了。

我们通常用的改变方法就是自责、自责、自责。不断自责的结果就是不改变，因为你在自责的过程中已经把能量消耗殆尽了。而且，在自责的过程中，你的自尊水平在不断地下降，对自己越来越不认可，越来越觉得自己差，觉得自己对自己没有控制力。自尊水平不断下降到最后，就是认定自己确实不行，就是没有自律性。当以上这些过程走完，你就会开始出现拖延症、焦虑症、强迫症。

要想正确地改变，有三个步骤。

第一步叫作“觉知”。

觉知就是通过阅读和学习“对孩子好一点儿”，突然觉知到：原来潜意识是存在的，我想起来了，我小时候，父母就是这样对我的，我延续了这个模式；原来我总和别人辩论、吵架，是因为我曾经也是被这样对待的。

第二步是不自责，学会接纳。

虽然我有这么多的缺点，但我接纳这样的自己；虽然我爸妈这样对待过我，但是我接纳自己成长中的一切；虽然他们没有用正确的方式对待我，但我还是对他们心存感谢。

但是，如果你不是接纳，而是觉得父母应该向你道歉，你的这种反弹的情绪出来了，你就不会改变，因为你找不到可以掌控自己人生的感觉，也没有找到自己是自由的、有选择性的、能为自己的人生负起责任的感觉。

第三步是改变。

当我们做任何改变的时候，一定要记住，不管是创业、工作，还是对待家庭，都可以用到以上三步。

这三步中，觉知是很重要的，不觉知的人不可能改变。因为他根本没觉得自己有错，他觉得一切都很美好，这个世界就是按照他自己固有的想法来运转的。这样的人容易给周围的人带来大量的伤害。

觉知其实来得并不容易。

有一天，一个年轻人和我聊天。他说："我特别讨厌我们那个地方的社会风气。"看他愤怒的样子，我有点儿费解，因为很少有人对自己的家乡有这么大的不满。

我说："你为什么对你的家乡这么愤怒？"

他说："社会风气太糟糕了，所有的人都唯利是图，一天到晚只谈钱……"

听他说完，我问："你跟你爸妈的关系怎么样？"

他愣了一下，说："很糟糕。"

我说："有多糟糕？"

他说："我爸爸在外面又建立了一个家庭。"他又补充了一下妈妈的情况。他的妈妈是一个很强悍的人，可以跟整条街的人打架，脾气来了敢拼命的那种，所有的邻居都不敢惹她。妈妈对待孩子也很凶。这个家的情况就是妈妈很凶，爸爸已经放弃了这个家。

说完这些情况，他赶紧说："虽然这样，但我很爱父母。我和父母之间没有任何问题，我就是觉得社会风气很坏。"

他说自己虽然适龄了，但是没有结婚，就是因为社会风气的问题。

我内心充满了对这个孩子的心疼，因为这个孩子的内心是多么无助。他不想责怪自己的父亲，也不想责怪自己的母亲，更不想责怪自己。

他找到了一个发泄的对象——责怪这个社会。他这么多年来，没有干成过什么事情。做事情不顺的时候，他的总结就是社会风气不好，周围的人都是坏人。

我告诉他："有可能真的遇到的人不好，不负责任，让你遇到了很大的困难，但是，真相是，你最大的问题是你跟你父母的关系没有理顺。这导致你充满了愤怒，但你又不想恨他们，你只能恨这个社会。如果你一直怀着对这个社会的恨，你的人生就更困难了。因为你可以永远恨下去，但这个社会不会为了你而改变。你要去看看这个社会好的地方。"

我把自己的感慨和一个心理学家朋友交流了，这个心理学家朋友告诉我："樊老师，你这样点醒他，还是帮不到他。"

我说："为什么？"

他说："他以前怪社会，今后怪父母。"

我一想，果然很有道理。

所以，我要在这本书里把一个人和父母修复关系的方法分享出来。

感谢“犯错”的父母，才能解救自己

如果一个人知道自己的父母做错了很多事情，怎么做才能修复和父母的关系，而不是揭开这些伤疤，觉得“我的父母对我很糟糕，让我很受伤”呢?

这个问题是有一条有效的解决之路的，那就是感谢你的父母。

除了感谢你的父母之外，没有其他更好的路。

如果那个孩子说“我爸爸在外面重新建立了家庭，我为什么还要感谢他”，那他就要考虑这件事的本质，是爸爸和妈妈的关系问题。

本质上，爸爸做的这个选择，和孩子是没有关系的。这是上一辈的事，甚至是上一辈的上一辈的事。因为你不知道你爸爸从童年到今天经历了些什么，他对人生做出的选择是对是错，你没有评判的权力和理由。

但是，我们可以看到一个父亲给了孩子什么。他给了孩子生命，让一个孩子有能力活到今天。

有人说：“我爸在我成绩不好的时候老骂我，这不是不对吗？”

是的，他这样做是不对的。只是，在对比的情况下来看是错的，他跟学习过这本书的父母比看起来是不对的，但是在他那个环境之下，他所能找到的最有效的方法就是这样了。他也想努力尽自己的责任。你不知道爸爸所受的教育，不知道他内心所遭受的伤害，不知道他的行为习惯和模式……你不知道的太多了，但你能确定的是，他确实在尽他的努力把你带大，让你有能量地活着，去看世界，去学习，去改变命运。

我曾经在一个工作坊上见到一个大姐，她哭得满脸都是泪水。

她的生活遇到了重大的挫折，老公要离婚，女儿要离家出走，想断绝母女关系，再也不见面。她说：“我现在孤身一人，长得不好看，年纪又大，一个人在北京待着，压力好大……”

她哭得特别悲惨，后来也说起了自己的成长经历。她说：“我小时候就很苦，我妈一直在打我，而且是用荆条抽，打到皮开肉绽。”

想想看，这是多么悲惨的场景，一个小姑娘长到十几岁，她妈妈还在村里追着她打。每次她的惨叫声，全村人都听得见。

她说："我妈去世很多年了，我不能原谅她。"

在和她母亲的这段关系里，她放不下仇恨，不肯原谅。她对老公不肯原谅，对女儿也不肯原谅。不但如此，她说一直以来，她都没有朋友，总是独来独往。

治疗师问她："你希望我做什么？"

她说："我要治病，我希望过得好一点儿。"

治疗师就帮她找问题和解决问题。

经过长时间的了解，治疗师才发现，在她成长的那个村子里，有一个现象，那就是她家的亲戚中，死过很多孩子。大家生活在环境非常艰苦的农村，有的孩子掉进水塘，还有的孩子被火车撞到。

治疗师问她："这些场景，你看到了吗？"

她说："我没看到，我哪儿也去不了。妈妈打到我哪里都不敢去，每天都只能老老实实地在家里待着。"

可以有这样一种推断：妈妈看到周围那么多的孩子都失去了生命，她吓坏了，她不知道怎么能把孩子带大，她唯一的办法就是打孩子，打到女儿哪儿都不敢去，老老实实回家。这是她唯一能想到的帮助孩子活下来的方法。

这个大姐的经历是我见过的最极端的一个案例。也许有的读者会说，为什么要给一个天天拿荆条打孩子的妈妈找这样的借口？

这不是为故去的人找借口，而是要为活着的人找一条出路。

她遇到这样的妈妈，她能怎么办？她怎么自我解释？她心中充满了恨，就注定得不到祝福，得不到爱。

而一个没有爱的人，怎么有能力爱别人？

因为她从来没有体会过被爱的感觉，所以也就无法给别人爱的感觉。

如果父母做错了事，孩子就注定得不到爱，那么，一个在福利院长大的孤儿又该如何自处？我们依然能看到有的孩子虽然没有父母，但是并没有成为怪人，而是心中充满温暖。

还有的人说父爱很重要，如果没有父爱，就得不到爱，那么，孔子生下来的时候，他爸爸就死了，他是被他妈妈带大的，也能成为圣人。

这其中的区别是什么？

区别是就算我从来没有见过我的父母，但是我心里知道他们在天上看着我，他们爱我。当他能找到这种感觉的时候，爱就来了。

即便有的人的父母不在了，也千万要记住一件事情：在父母的位置上是有人存在的。

他们可能遇到一些挫折、困难、难题，没有能力让孩子感受到他们是爱孩子的，但是，要相信，他们还是爱孩子的。

你相信爱在，爱就在，没有人能夺得走。

你只要相信自己，感谢父母。

父母给你的生命就是证明，你的身体、你的能量、你走到今天的生命力，都是父母给的，有这个就够了。

获取爱的方法，并不是拿爱来交换。比如，我的父母爱我，他们把我养大了，我给他们养老就两清了。其实并不是如此，你永远不可能还清父母给你的所有的爱。

很多孩子在父母去世以后会内疚，越是对父母不好的孩子，在父母走了以后，内疚得就越厉害。他觉得父母给自己的，自己还没还清。

实际上，父母给的根本就不用还，因为还不了。他们给的最重要的东西是你的生命，你能给他们一个生命吗？不可能。父母给你的爱，坦然地接受就好。

理顺和父母的关系，让自己拥有爱的能量

我愿意跟大家分享我妈妈的一段经历。

我妈妈的焦虑很严重，我就送她去做心理治疗。

心理治疗师说，我妈妈的问题，根源在于她跟她爸爸的关系不好。我妈妈生下来，我外婆就去世了，我妈妈没见过自己的妈妈。而她爸爸常年在江湖上飘，到处做生意赚钱，那时候叫“投机倒把”，做生意的人很丢脸。

我妈妈被她的奶奶带大，她见到她爸爸的时候，已经13岁了。我外公回家的那天，我妈妈记得很清楚。这个人她虽然从来没见过，但是她说：“这肯定是我爸。”

我妈妈转身去找她的奶奶，说：“奶奶，我爸回来了。”

她奶奶说：“你都没见过你爸，你咋知道你爸回来了？”

出门一看，真的是！

人和人之间真是有这种神奇的感觉！

但是想想看，一个人在13岁时才第一次见到自己的爸爸，在我们看来多么可怕。

我妈妈总是处于很焦虑的状态，在她成长的岁月里，背后没有父母支撑，只有一个弱小的奶奶。奶奶毕竟还隔了一代，我妈妈永远都在担心别人会怎么看自己。

心理治疗师告诉我妈妈："你得感谢你爸爸。"

我妈妈说："妈妈没养过我，爸爸并没有做出贡献，我不能感谢，因为这不公平。"

心理治疗师说："你想不想解决这个问题？"

我妈妈说："想解决，但是我不能感谢他。"

心理治疗师说："你爸爸有没有做出什么贡献？有没有一点点贡献？"

我妈妈开始的时候，想来想去想不出来。

但最后，她哭了一下午，还是感谢了自己的爸爸。

心理治疗师说，让她哭吧，她很久没有这样了，这是她获得爱的过程。

经过了这次释放，我妈妈在第二天告诉我，她的神经性背痛好多了。她慢慢变得淡定了，跟别人相处也变得很淡定，可以开心地玩，没有那种紧张、焦虑和恐惧的感觉了。后来有一天，我问她："您现在想起我外公是什么感觉？"

她说："哎呀，我现在想想，其实我爸也不容易。我爸那时候走南闯北的，还不就是为了养家糊口吗？三年困难时期，家里没饭吃，多亏你外公寄回来一些粮票，全家才活了下来。”

就这样，我妈妈找到了她爸爸给她的爱。那一年清明节，我记得妈妈第一次去给外公烧了纸，这就是回归。

当一个人明确地感受到自己是一个有爸爸的人，是一个被爱的人时，他的心中才会有能量。

所以，调整你和你父母的关系，绝对不是让父母改变。比如，强迫父母加入“樊登读书”。虽然我欢迎，但我并不希望孩子强迫父母改变。

孩子不要去批评和指责父母，而是要对父母表示感谢，对父母持肯定的态度。

在孩子对父母的行为做出肯定的那一刻，父母就会觉得孩子长大了。有的父母为什么整天挑孩子的毛病？无非就是想证明自己。他整天不停地说自己的建议，就是希望你能听一次。如果孩子能直接告诉父母“您上次说的，我回去想了想，觉得还是您说得对，姜还是老的辣”，父母立刻就会感觉到孩子长大了，孩子成熟了。让父母意识到他的位置比你高，他是给你提供能量的人，对他表示感谢，你才能获得足够的爱。有了这份爱，你才有能力去帮助别人，把爱传递下去。这就是理顺我们和父母关系的一个最基本的法则。

家庭是一个大的系统，帮助我们学习的心理学的书有很多，比如《谁在我家：海灵格家庭系统排列》（*Love's Hidden Symmetry: What Makes Love Work in Relationships*）、《爱的序位：家庭系统排列个案集》（*Love's Own Truths: Bonding and Balancing in Close Relationships*）、《这不是你的错：海灵格家庭创伤疗愈之道》（*It Didn't Start with You：How Inherited Family Trauma Shapes Who We Are and How to End the Cycle*），都是为了讲明家庭系统和我们每个人之间的关系。

避免关系倒错：父母和子女各自回到正确的位置

你不需要像父母管你那样去管他们。当然，父母生病住院，你当然要帮忙，这是尽孝，但是你不能做父母的父母，这一点非常重要。

在大量的家庭里，都是孩子在做父母的父母。我见过很多孩子对父母是这样讲话的：“让你去旅游，你就去，好吗？别省钱，一天到晚省那个钱干吗用。”

这是对父母好，但你都听不出来爱的感觉，因为他太着急，替父母着急：你们怎么就这么不懂得享受？这里面还有生气。

这时候，你会发现，孩子所扮演的并不是子女，而是在这个家里扮演家长。

于是，父母和孩子的互动就变成：“哎呀，不就想省点儿钱吗，你看你这么凶。”

关系完全倒错了。

但是，这种倒错——父母会上瘾！

父母离开他们所感受到的自己父母的爱已经很久了，正在到处寻找，然后在子女这里发现了。这看起来像是父母之爱，然后父母就把孩子当父母了。糟了！老人家开始变得越来越像小孩子了。

有很多朋友都发现，父母岁数大了以后，开始不讲理了，开始捣乱了，开始吵架，开始跟你对着干、闹事，跟叛逆的小孩子一样。为什么这样？他们在撒娇，在找当孩子的感觉，觉得终于找到这种感觉了。

结果就是他们的身体变得越来越糟糕。

他们生病后，就得总往医院跑。

很多人倾诉为什么父母去医院检查，医生都说没问题，父母还是说难受、心慌、胃疼不舒服。这是因为他们上医院就有人来照顾他们了，他们在寻找那种爱的感觉。

所以，孩子不能认清自己的角色，接手了父母的这种期待，那整个家庭的秩序就混乱了。孩子越来越累，父母的身体越来越不好，而且会天天吵架。父母吵架就是希望你来管他们，因为闹事你就来了，不闹事你就不来。

你必须得告诉你的父母：“你是大的，我是小的。”这句话很重要。

在所有家庭中，这一点都很重要，让父母意识到，他们的角色应该是什么样子的。孩子可以撒娇，但是父母不行，父母应该找自己的父母去撒娇。如果父母说："我的父母都不在了。"你就告诉他们："虽然人不在了，但是位置还在，获得爱的能力还在，你可以去回忆以前被爱的感觉和画面。"

就这样，帮父母回到正确的位置，让父母的内心是充盈的、是有力量的、是健康的。

但是，如果父母找错了，把被父母爱的感觉依附在自己孩子的身上，那就麻烦了。我见过 80 岁的妈妈控制 60 岁的女儿，能控制一辈子，很多女性一辈子最大的伤害基本都来自自己的妈妈。一个控制型的妈妈，她会连女儿穿什么衣服都要管，连女儿的身材胖瘦都要评价，女儿做什么她都不会满意，因为妈妈总希望把女儿塑造成她理想中自己没有成为的那个样子。

妈妈控制女儿会导致女儿长大以后总是自责。

男人照镜子和女人照镜子是完全相反的两种效果。男人照镜子老觉得自己最近怎么又瘦了，胖也没关系，显得挺壮的。女人照镜子就是身材再好都会觉得还不够瘦，要再瘦一点儿，再翘一点儿，对自己的要求极高。

男人出差一个星期，回来特别趾高气扬——你看我为家庭出差了一个星期。女人出差三天，回来就感觉对不起孩子，觉得自己没有照顾好家庭。

女人的这种内疚感、自责、过度严格的要求，让自己享受不了幸福，享受不了喜悦和快乐。女孩成长阶段如果有个妈妈天天挑剔，长大后，她就成了指责自己的妈妈。

如果你遇到控制型的父母，最有效的方法是与他们保持距离，不要再跟爸爸妈妈住在一起了，因为他们一定会介入你的家庭。

你要让他们知道，你自己有了一个新家庭，你要把爱给自己的下一代。

一个家庭中，秩序很重要，也就是儒家所讲的次第。你心中有了次第的分别，家庭才有秩序。有了秩序，家庭才能稳固。孔夫子说“父父子子君君臣臣”，意思是每个人在日常生活中都应该恪守其道，承担好自己应担负的职责。父亲承担父亲的责任，做孩子的承担孩子的责任，大家都不要越权。当孩子的不要妄图做父母的父母，只要学会把爱给你的孩子就对了。

那我们给父母的应该是什么呢？给父母感谢。只有用感谢才能唤回爱。这里要注意，是感谢，而不是原谅。有人说：“樊老师，我学习了你讲的道理，现在我想开了，我原谅我的爸妈了。”用到“原谅”这个词的时候，前提还是觉得父母对不起你。

这就回到了我们要理解的内容，要相信，父母在他们的那个环境下，已经尽他们的所能做到最好了。

原谅就代表着你没有得到爱，而且，你还付出了一份宽容。你会觉得自己更可怜，既没有爱，又要宽容对方，就会越来越没有力量了。

而真心地感谢你的父母，是知道你的父母给了你很多，你才会充盈起来。

综合应用

从小到大，我一直活在父母常年打架的阴影里，如何才能放下？

问题

我父母两个人的性格完全不同，从我很小的时候，他们就一直在争吵，平时甚至大打出手，对我造成了不小的阴影。30 多年来一直是这样，现在他们两个人都 50 多岁了，我不知道怎么处理这件事情。

我现在虽然不和他们住在一起，但是逢年过节、家人团聚的时候，我看到别人家其乐融融的，我们家里却经常争吵，我自己心里的坎儿就过不去。他俩一争吵，我一下又回到了小时候，瞬间紧张得要死，虽然我尽量不表现出来。

樊登解答

两个人吵了一辈子也不累？一直吵甚至还打，哪来的这么好的耐力？要是换成我，我可没那么多激情。如果我跟一个人打几十年，累都要累死了。

这说明他们之间有着非常强的在一起的动力，否则他们早就分开了。

你应该先为父母感到放心，而不是着急介入。为什么要这样讲？有一个非常重要的原理：孩子不能介入父母的感情生活。如果孩子介入，会把他们搞得越来越乱，父母会在孩子身上寻找父爱和母爱。

孩子管得越多，父母越觉得有人管自己。他俩吵架本来就需要有一个人出来调停，需要有一个家长一样的角色说“别吵了，都老实点儿，老大不小了还吵啥”。万一孩子扮演了父母的父母的角色，父母就会很自然地扮演子女的角色，会闹得更厉害，把孩子消耗得更严重。

你必须学会在他俩吵架时置身事外，知道这和自己没关系。两个大人之间喜欢吵架，这不是孩子的错。但是，孩子为什么会特别紧张？这是因为所有的小孩子都有一种自我归因的能力：看到父母吵架，他不会认为跟自己没关系，而是认为因为他不乖，所以父母才吵架的。没有人跟孩子讲明白这个道理，他就会把这些压力都放在自己身上。你可以想象一下童年的你，然后现在的你可以穿越回去跟那个孩子说：“这不是你的错，这是两个大人不会处理人际关系导致的。”

现在，你已经长大了，有能力爱你自己，也有能力照顾身边的人了。你会对你的孩子更好，你新建立的家庭会比你的原生家庭更重要。

我觉得这些都可能会对这件事有帮助，让父母慢慢减少吵架的动力，这是孩子可以做到的。父母如果打电话说吵架的事，你就听一听而已，不用有反应，因为你不能发表意见。你说："爸，你对我妈好一点儿。"他有可能说："我怎么对你妈不好了……"你一句话说出来，他有一大堆话在后边等着，因为他有倾诉的欲望，他希望有人能够做听众。

《论语·子路篇第十三》中有段话是：叶公语孔子曰：'吾党有直躬者，其父攘羊，而子证之。'孔子曰：'吾党之直者异于是：父为子隐，子为父隐，直在其中矣。'"

孔子的答案并不是要给爸爸讲道理，比如说偷东西是不对的，而是分清楚那是爸爸的事，孩子要做的是自己的事情。孩子别老想着纠正父母，也别去做父母的父母，这会使家庭的秩序变得很混乱：父母会过度依赖孩子；孩子会感受不到父母的爱，还会觉得有两个家需要照顾，又得照顾上边的家，又得照顾下边的家，累得半死，觉得人生了无生趣。

最后，我希望你能有时间好好安抚一下童年的自己。

陪伴式啃老对父母是爱还是坑？

问题

我有个亲戚，他的兄弟姐妹都在外打拼，就剩下他一个孩子在老家陪他父母，但他每个月吃的、用的、花的都是他父母的养老金，结婚、买房都要父母出钱。

他可能觉得自己照顾老人需要耗费很多精力，就会有很多隐形投入，但是也有人觉得这就是披着孝心的外壳在啃老。您怎么看待这个问题？

樊登解答

有一部日本电影叫《小偷家族》，看懂了电影中悲天悯人的感觉，我们就会觉得自己没有理由去评判别人了。如果谁觉得陪伴式啃老特别“沾光”，那你就替他去做呀。

社会上，有特别多的人喜欢对别人苛责，把发生在别人身上的事情拿出来讲，说别人不对。这种苛责有什么好处呢？只为了带来道德优越感。通过批判别人来获得自己的道德优越感，感觉自己虽然没有做什么好事，但最起码没做那么多坏事，骂那些“坏人”显得自己很高尚。实际上，当他自己做坏事的时候，只是期望别人不知道而已。

我们对别人家的事稍微宽容一点儿，稍微慈悲一点儿。我们不知道他们家真实发生了什么，毕竟那是他们家，毕竟老人愿意跟他住在一起，毕竟他在照顾老人。我们没来由地站起来说：

“我们反对陪伴式啃老，所有陪伴式啃老都滚出去……”把人都赶走了，可能受伤最重的是家庭，是老人。

这个世界上很多事就是稀里糊涂过去的，稀里糊涂可能就是一个家庭非常好的状态。《小偷家族》里，“一家人”稀里糊涂地生活在一起，对老太太啃老又偷东西……老太太在生命临终之际，坐在沙滩上，看着眼前模糊的不是一家人的一家人，说了一句“谢谢你们”，令人动容。

人生就是这样，让我们温柔一点儿。

子欲养而亲不待，一直活在内疚中的我该怎么办？

问题

我今年 24 岁，5 岁的时候，我的父亲就过世了。去年，我的母亲也因病离开我了，我现在总能想起跟我母亲的一些过往！

有时候，特别愧疚没有孝敬她，特别后悔我曾经总顶撞她。以前，我的人生目标可能就是努力工作，努力挣钱，让她过上好的生活。但现在闲下来的时候，我经常问自己：我人生的意义是什么？我以后到底能做些什么？

很迷茫，不知道该怎么办好。现在，我有男朋友，但是心里的负担还是很重。

樊登解答

愧疚和丧失，是你的创伤，但你能站起来，当着这么多人的面向我提问，证明你的伤并不是非常重。如果真的伤得很重，是对某件事情连提都不能提的。首先，你要认识到你其实还是比较健康的。

有一本书叫《情绪急救：治疗失败、拒绝、内疚等因素导致的各种日常精神伤害的实用策略》。书里提到了很多种创伤，讲到了当我们的精神受到创伤以后，比如亲人离世、被朋友伤害、遭遇分手，我们该怎样安慰自己的心灵。

在生活中，我们感冒的时候会打针、吃药，或者多喝水、多休息。手被割破了，我们会贴创可贴。我们对身体的各种伤害，都有一些基本的处理建议和应对方法，但对心理创伤，很多人束手无策，只能靠时间来愈合伤口。实际上，把这一切交给时间，很有可能给我们造成特别长久的伤害。并且，有可能会转好，也有可能会转坏。

我们可以学一些基本的方法，我觉得你可以和你爸爸妈妈，尤其是和妈妈做一个好的告别仪式。你要跟她说一些话。

我们家曾经有一个亲人离世，他的孩子特别内疚。小孩子就是这样，父母走了，他会内疚，会觉得肯定是因为自己不乖，父母才走的。

这个孩子当时在上初中，在他爸爸的整个葬礼期间，他都不哭。他每次哭的时候就把脸埋在水盆里，就不愿意流眼泪，把脸埋在水盆里哭。他整天跟家里人讲："肯定是我的问题，是我不乖，爸爸才走的。”

我觉得这样不行，因为如果这样下去的话，这个孩子会有自杀的倾向，我就把孩子叫了过来。我让他跟他的爸爸告别，让他必须得站在父亲的照片跟前，要跟爸爸讲这样的话：“爸爸，你现在走了，我和妈妈会继续生活。我会照顾妈妈，我俩会生活得很好。”当这段话说完了以后，你就跟你的亲人告别了。同时，你也就找到了你下一步活下去的意义，因为人生总有意义。

曾经有一个老人家跑去找一个心理学家咨询，说：“我的老伴跟我生活了 60 年，现在我老伴已经走了，我觉得我没有活下去的意义了。”心理学家就问了他一个问题：“如果你的老伴活着，你走了，你老伴会怎么样？”老先生说：“她肯定很痛苦，肯定会像我一样痛苦、一样难过、一样孤独。”心理学家说：“你看，这就是你活着的意义。你活着，她就不会像你一样痛苦、孤独、难过了。”

人生一定有意义，何况你还这么年轻。整个世界的生命就好像树叶一样，树根长出树枝，再长出叶子，叶子一定会凋落。凋落的叶子是为了滋养树根，然后次年会有新的叶子长出来。这就是整个生命的循环，大自然的整个循环就是这个样子。

你的爸爸妈妈会走，这是自然现象。你不需要有太多的内疚，你需要的是知道他们的爱去哪儿了。

他们的爱在你身上，你在，这就是意义。

这份爱该往哪儿去？你要把这份爱给你的孩子，然后在你的孩子身上，让爱流动下去，这就是我们生命的意义所在。

生命的意义不是一个固定的东西，不是别人强加给我们的，而是我们自己去寻找的东西。如果拥有了寻找生命意义的能力，你现在就依然可以承担起你父母的爱。跟你妈妈说：“妈妈，你走了，我觉得有很多事还没有做，有很多话还没有跟你说。我会好好地活下去，我会跟我的爱人一起活下去。我们会生一个孩子，到时候抱来给你看。”

试试看，好吗？

如何解决因为父母文化程度不高而产生的家庭冲突？

问题

我刚当爸爸，在教育上跟父母会有一些不一样的地方。我听樊登老师讲过对父母不要用教育的方式去沟通，所以很注意。我介绍他们听“樊登读书”，但是因为他们只有小学文化程度，所以他们虽然在尝试，但不是很快能接受，家里还会有一些冲突。

樊登解答

冲突不应该成为一个糟糕的导火索，而应该成为我们家庭学习的机会。

如果你想引导你的父母学习一些知识，可以先从“批评”自己开始。比如说，“咱们一块儿看一个课，我觉得对我帮助很大”，然后带着父母一块儿看。而不要对父母说：“你看你都不会跟孩子说话，给你看一个视频，去客厅学一下。”以上两种方式，给父母带来的感觉是完全不同的。

要更多地从改变自己、批评自己的角度，带着全家营造学习型家庭的氛围。慢慢地，周围的一切就会发生改变。

父母的文化程度本来就不高，在上海带孩子，他们面临的压力也很大，所以要更多地去发现他们的优点。

父母与其他人一样，都是被优点驱动的。如果你们夫妻二人总是发现父母说错话，他们就会越来越紧张，甚至不敢说话，或者生气了，干脆说“算了，我就这样，我不改了”。你要更多地发现他们说对话的时候，发现他们有耐心的时候，发现他们反映情感的时候，发现他们与孩子处得很好的时候，对他们表示肯定。这时候，他们就有信心，会觉得原来自己是可以变得更好的。

千万不要觉得文化水平低的人就不能学习。我曾经在山东济宁演讲，有一个 80 岁的老太太，从泰安坐高铁到济宁参加我的活动。我俩在高铁站还碰见了，老太太特别热情，拉着我的手，告诉我她以前总吵架，因为没文化，一个字都不认识。后来通过听“樊登读书”，学习怎么带孙子，跟全家人把关系搞好，现在大家都非常喜欢她这么一个角色。她对我表示感谢，说我说的话她能听懂。

80 岁的老太太没有文化都可以做得到，我们再多给父母一些耐心，好吗？

和父母的观念不一致，发生矛盾了，应该怎么处理？

问题

我的消费观和教育孩子的理念跟父母有比较大的差异。在生活中，我认为花钱找人来帮我打扫卫生，我就可以把更多的时间留出来，做我认为我更喜欢、更有意义的事情。但是，我的父母认为这样不对，这是懒惰和浪费！

在照顾孩子的问题上，我认为衣食住行这些事，可以慢慢锻炼孩子，让他自己做。第一次做得不好，第二次他就有进步了。但是，父母认为连孩子的衣食住行都照顾不好，怎么能算合格的父母。

父母毕竟是长辈，我觉得很难沟通。

樊登解答

如果父母愿意帮你打扫卫生，你就让他们打扫好了。

如果他们不打扫卫生，你想让他们做什么呢？难道你希望父母每天坐着看电视，还是跳一天广场舞？如果他们想打扫卫生，你都不给机会，那就太残忍了。我觉得这个问题不在于这件小事，打扫卫生是一件小事，没有什么大不了的，问题在于你重视这件事。

其实，老人跟你在一起，他没话也要找话说，他总得说话。但是，他们从小到大学会的说话方式就是负能量的方式：唠叨学习，唠叨找工作，唠叨找对象……唠叨到现在，发现自己的闺女还挺厉害，什么事都搞定了，没啥好唠叨的，就唠叨不打扫卫生这件事吧。你把不打扫卫生这件事给解决了，他还得费劲儿再找个别的事来唠叨。

你很难想象你回到家，你爸妈突然变得很正能量，说他们今天学习了什么东西，有进步了。所以，你要习惯于他们就是这样跟你互动的，这是他们表达爱的方式。

你乐乐呵呵、客客气气、高高兴兴地享受他们对你的关怀、服务，甚至打扫卫生，就好了。你哪天高兴了，你也打扫一下。你可以听一下我讲的《扫除道》这本书，听了《扫除道》的很多人都萌发了打扫卫生的冲动。核心就是你别太重视他们的唠叨，那只是你们家庭的一种氛围。

很可能在过了若干年以后，你会很怀念这种唠叨的氛围，所以这不是一个令人痛苦的问题。

你知道我们家人唠叨我什么吗？有一段时间，我整天被唠叨，我爸见到我就说："你现在没工作，你这个样子多可惜，本来好好的工作，你在大学里多好。"我说我现在讲的知识，听的人比我在大学里教的学生还多。我爸说"那你没职称"，一句话就让我没办法再应对了。我妈见到我就说："你看你累成这个样子，太辛苦了。"我说："我比一般的上班族肯定要轻松多了。我一天的工作时间不会超过八个小时。"但她还是觉得我的工作强度大。

你说能不能别唠叨？能不能发现我的优点，去营造良好的氛围？但有时候，父母就是做不到。父母的人生就是这样走过来的，他们从小到大就是这样的习惯。

你看了这本书，学了很多知识，心态跟父母那一代不一样了，这时候，有可能家庭会变得更加独立。但现状就是这样，所以接受它、享受它，随机应变就好了。

老爸“碰瓷”上瘾，总想占别人便宜，怎么办？

问题

我一直跟我父母住在一起，现在我发现我跟我父亲的价值观有偏差。我家里有车，停在小区里。前几天，车被人家蹭了一下。我爸觉得应该去敲人家一笔钱，我觉得没必要，就对他说：“您甭管了，我自己去处理。”最后，对方走了保险，赔了几千元钱。我爸也满意了。

但是上个星期，车又被人家蹭了一下。这次蹭得不厉害，我爸跟我说：“又被蹭了一下，要不再去敲人家几百元钱？”我说：“没必要，蹭那么一点点，就算了。”

我爸就埋怨这件事没处理好，他说：“要不买辆法拉利，就停在下面，天天去碰瓷。”

他除了这件事之外，倒是没有别的什么奇怪的想法。只不过，他一直在家庭中指挥得比较多。做得不令他满意时，他就会大吼大叫，有时候挺影响家里和睦的。

他总是觉得自己经历过的才是有价值的。

樊登解答

一个人的胳膊如果痒痒，他就会挠。最后，让他受伤的未必是痒，而是来自挠。挠得太厉害，给皮肤造成了伤害。

所以，你对一件事情的反应，使这件事情变得更糟糕了，而不是这件事情本身。

老爷子在家里发发牢骚、生生气，吵两句，如果你嘻嘻哈哈笑一笑，说句“喝酒、喝酒”，这事儿就过去了。但如果你特别认真地说“给你买辆法拉利，去碰瓷吧”，这件事情就大了。

《论语·为政篇第二》写道：子游问孝。子曰：‘今之孝者，是谓能养。至于犬马，皆能有养，不敬，何以别乎？’”

给父亲买辆法拉利，很多人能做到。难的是什么？

《论语·为政篇第二》还写道：子夏问孝。子曰：‘色难。有事，弟子服其劳；有酒食，先生馔，曾是以为孝乎？’”

综合来看，孔子的意思是，犬和马你都能养活，养活老人不叫孝。

你是不是能和颜悦色地跟老人家说话，这个才是本质上的东西。

我爸爸也有很奇怪的行为。他是一位数学教授，什么事都有记账、算账的习惯。我爷爷去世，全家人回去奔丧。丧事之后，我爸爸用爷爷留下来的遗产，给全家人算了一笔账，要把路费全给大家报销了。他说一定要做到足够的公平。

我表态说："我不要这个报销的钱，我给我爷爷奔丧，这么一点儿钱居然还要报销，这像话吗？"说这话的时候，我也急了。

但后来想想看，你改变不了他。他就这样给我留着，每年都念叨"快来把这钱领走"。

我表弟开车把他们几个老人家拉到农村奔丧。葬礼回来后，他问我表弟汽油花了多少钱，过桥、过路费多少钱，认认真真算完，然后开始摊钱。

这难道不是价值观有偏差吗？

想法完全不一样的话，有时候，只要笑呵呵地聊一聊，应对一下，把它当成一件好玩的事就过去了。

比如，你想：咱家有个老英雄，咱家这英雄从来不吃亏。万一你真遇到一个特别难搞的对手，搞不好得你爸帮你出头。你总是什么都不计较，也有可能在某些情况下吃亏，你家有你爸这样的顶梁柱撑着，其实也是很重要的。

孩子特别懂道理，跟父母不断地讲课、讲道理是最没用的，只会导致父母非常焦虑。

想开点儿，记得孔子的提醒：色难。

和颜悦色是对待父母最重要的一件事。

第9章

孩子成长中的关键问题

“樊登读书”希望大家建立独立、完整的自尊体系，不依赖外界的任何权威，千万不要觉得我的回答就是正确答案。反过来，它也有可能导致你的问题变得更严重了。

总之，大家提这么多问题，其实我觉得有点儿奢侈，父母是希望孩子的人生好上加好，实际上，这都是人生中有意思的经历……

我相信生活中的每一个问题，在书中都有答案。

成长关键词：养育焦虑

错过孩子0～3岁的关键成长期，家长该如何弥补？

问题

我 32 岁有了孩子。在有孩子之前，我一直焦虑，担心孩子出生后，以我的阅历能否给他好的教育。这三年来，我一直不太懂我儿子，我很焦虑。现在，我又开始焦虑未来三年我应该怎么做了。

樊登解答

这个问题很容易解决。在本书的前几章里，我讲到了爱、价值观、终身成长的心态，如果你能把这三点植入孩子的体内，孩子就没有问题了。

问题是你怎么那么焦虑？一个人在 32 岁有了孩子很美好呀。人有焦虑很正常，在生孩子这么大的事情面前，如果一个人一丁点儿焦虑都没有，证明他一点儿都不在乎这件事，他可能不是一个合格的爸爸。但是，如果一个人只剩下了焦虑，三年前焦虑，三年后发现自己什么都没做，用焦虑来替代做事，这就不对了。

适度焦虑带来的是重视，而不是痛苦，你要通过做事来缓解痛苦。在做爸爸之前，我连一只狗都教不好。我就去买了很多亲子教育的书，读完书之后，我心中很笃定，我知道一个孩子是怎么成长的了。所以，我用情感引导的方法教孩子，一步步投入去做，越做越开心，越做越轻松，因为我没有仅仅停留在焦虑这件事上。

你的这个问题也是社会上很多人的问题，他们的方法就是停留在焦虑这件事上，似乎觉得“我已经焦虑得够了，我付出代价了，我付出努力了，我的努力就是焦虑”。但是，实际上焦虑只是原地踏步，并没有往前走。应对焦虑的有效方式是做事，同时看到自己进步了。

如果你成长了，已经变得和过去不一样了，但还是喜欢批评自己，还会为未来而焦虑，你就要反思自己和爸妈的关系了，可能家里的教育很严格。基本上，被强力压迫的时间越长，就越容易形成自我批判的习惯。如果这个自我批判的习惯不被根除，以后你做得再好，还是会不断地焦虑。

我们要学会：

第一，和焦虑相处。知道焦虑并不纯然是一件坏事。

第二，用做事来应对焦虑。

第三，做事之后多看到自己进步的部分。

这样，你才能活得越来越轻松、愉快、自在，才知道学习是有用的。

成长关键词：死亡教育

我该如何跟孩子谈论“死亡”话题？

问题

有一天，我和儿子聊天，我说：“晨晨，你长大了可不可以给我买一栋别墅，我想养花、养鱼。”

他说可以，然后就哭了，我就问他为什么哭。

孩子说：“我要永远跟你住在一起，我害怕你死掉。”

涉及生死这个话题的讨论，我是一个新手，不知道怎样跟孩子沟通。我说到养花、养鱼，他就想到了死的问题，可能跟去年发生的一件事情有关。去年，我的父亲突然离世，我的孩子当时刚 5 岁。

樊登解答

死亡是一个非常重要的话题。

很多书里都探讨过这个话题，比如美国阿图·葛文德（Atul Gawande）的《最好的告别：关于衰老与死亡，你必须知道的常识》（*Being Mortal: Medicine and What Matters in the End*），美国谢利·卡根（Shelly Kagan）的《死亡哲学：耶鲁大学第一公开课》（*Death*）。

还有一本给孩子看的绘本：克罗地亚的作家安德烈娅·彼得利克·侯赛诺维奇（Andrea Petrlik Huseinovic）的《蓝色的天空》（*The Blue Sky*）。作者在童年的时候失去了她的妈妈，后来，她长大了，结婚了，有了自己的女儿。她画过很多绘本，但最大的心愿就是为自己画这本《蓝色的天空》。《蓝色的天空》中的女孩找不回妈妈，却四处搜寻关于妈妈的温暖的回忆，是一部感人的作品。

心理学家建议我们给孩子进行有关死亡的教育，可以带着孩子去看一棵大树。当孩子观察大树的时候，大人可以慢慢告诉他，大树在生长，在开花，在结果，到了秋天，要落叶。落叶相当于一部分的死亡，但落叶飘下来，又会去滋养大树的根部，让大树长得更好，这就是生命生生不息的过程。通过这种方法，让孩子理解死亡其实是生命的一部分。

我和孩子做关于死亡的教育和讨论，是在清明节的时候。我儿子看到路上有很多人在烧纸，他不明白，就问我："爸爸，他们在干吗？"

我说："他们在跟死去的人沟通。他们用这样的方式，希望死去的人能够接受到他们的爱和关怀。"

后来，有一次我们讨论问题，提及多年以后，如果爸爸妈妈走了会怎么样。我儿子说："我给你们烧纸，我等着你们回来。"

很感人，孩子们很爱父母。就算父母打孩子，孩子依然爱着父母。孩子对父母的爱才是真正无条件的爱——孩子爱父母要远胜过父母爱孩子。大人们总是觉得自己对孩子已经很好了，已经掏心掏肺了，但其实孩子对父母的爱才是刻骨铭心的。无论父母多糟糕，甚至多坏，孩子还是会爱他们的。

父母还可以和孩子一起看电影《寻梦环游记》(*Coco*)。《寻梦环游记》体现了关于希望的很好的一种教育，亲人故去，但家族之间的联系、心中的怀念都是重要的。孩子们会明白，亡灵节不一定存在，心中对于逝去的人的怀念却是重要的。死亡并不是最后的告别，只要不被遗忘。

最后要补充的一点是，当孩子问这种很重要的问题的时候，父母千万不要惊慌。孩子的注意力是短暂的，也许，他过五分钟就跑去玩漫威了，或者去看别的东西了。

不要太紧张和担心，死亡教育跟性教育是一样的。有时候，当孩子问一个和性有关的问题时，家长就紧张得要死。但实际上，孩子问完就玩别的去了，家长的内心要放松。

成长关键词：突破困境

校园霸凌受害者：为什么老实人总被欺？

问题

我有过类似于校园霸凌的经历，我发现好说话的人、老实的人会遭受一些伤害。而且，那些伤害别人的人，愿意跟他一起玩的朋友会比较多。

我想问，为什么看起来比较不好欺负的人，能得到的东西反而更多？

樊登解答

你确定他一辈子都会这样吗？

我们中国有很多俗语，都是很有道理的，比如“恶人自有恶人磨”。

城隍庙有一副对联，对于我们这些小时候特别乖的孩子，疗愈功能很强。上联：人恶人怕天不怕。下联：人善人欺天不欺。横批：你又来了。

当我们选择去做一个好人，做一个不霸凌别人的人时，短时间内有可能会感到孤独。因为小孩子的判断会产生偏差，校园小霸王看起来很有力量，有时候会获得更多的追捧，这没有什么大不了。

我小时候也遇到过这样的情况。我们学校有一个小霸王，他打架很厉害，大家都崇拜他。后来有一天，我遇到他了，我看到他在我们小区里收物业费。收物业费本身是一份正常的工作，任何一份工作只要用心去做都可以给人带来成就感，不同的是，以前很威风的他，见到我之后，他自己会觉得落寞。他觉得毕竟我是这里的业主，而他只是来收物业费的。四目相对，他随便打了个招呼，就迅速消失在我眼前了。

时间一长，我们就会发现，没有人靠霸凌能够有所成就，霸凌是一个明显错误的方向。其实，我们完全不需要去羡慕这样的人。做一个好人就好了，慢慢地，找到“相逢何必曾相识”的人，互相结成新的战略联盟关系。

把挫折视为契机，调整好自己的心理状态，让自己成为一个内心更强大的人。就像《流星花园》里的杉菜一样，自称“杂草”，却拥有顽强的生命力。这样，你就能慢慢成长起来了。

如果一开始遇到一些问题的时候不敢反抗，该怎么办？记住，突破一次就好了。

最后，推荐看一本书——《身体从未忘记：心理创伤疗愈中的大脑、心智和身体》（*The Body Keeps the Score: Brain, Mind, and Body in the Healing of Trauma*），这本书专门研究PTSD（Post-Traumatic Stress Disorder，创伤后应激障碍），就是教人们受伤后如何走出来，而不会被一些惨痛的"碎片"击中。

成长关键词：无限的游戏

中国传统文化和西方科学知识，哪一个值得孩子多花时间学习？

问题

我们现在学习中国古代哲学，用它来影响身边的人、影响自己的孩子，是否要比让孩子学西方先进的理念更有意义？

在有限和无限的游戏中，我想成为韩鹏杰老师那样对很多古代知识信手拈来的人，这就是我的无限游戏。

樊登解答

是学东方，还是学西方更有意义？这个问题如同问爱情和亲情哪个更重要，我无法衡量。

我把以上问题浓缩后，置换成：该不该花那么多力气学古代的知识？

古代的东西好在哪儿？古时候的人可以集中大量的时间和精力去思考，用很多时间透彻地思考一个问题对现在的人来说是一件挺奢侈的事。

社会上，大量的惯性带着一个人奔跑，要抓紧时间高考、求职、评职称……一个人每天都要忙着做一些去应付别人的事，做很多往往只是为了给别人看的事。

孔子说："古之学者为己，今之学者为人。"古人学东西，向内在用力，不断朝里探寻，去看见自己的变化。很多我们今天没有想明白的事，古人早就花了很多时间想过了。

人生中遇到的各种烦恼，翻开《论语》《道德经》《庄子》一看，古今所要想的人生问题其实差不多，但古人给出了精确的答案。

我曾经做中央电视台节目主持人的时候压力很大。走在路上没人认出我，坐地铁也没人提出想合影。我当时觉得做主持人如果谁都不认识自己，是很不成功的，内心总有点儿愤愤不平。后来，我读《论语》,《论语》上的一句话击中了我："不患人之不己知，患不知人也。"这句话提醒的是不要担心别人不知道你、不了解你，你要担心的是自己有什么好让别人知道的。

中国古代文化的经典，能够带领着我们中国人穿越 2500 多年，一直作为一个完整的民族在一起。

我在"樊登读书"分享过顾颉刚先生的《国史讲话：春秋》。

春秋时代的结尾结下了一个重要的果实，就是孔子。孔子诞生在那个时代，他不仅有知礼的名声，还打破了贵族垄断教育的局面，把学术传播到了平民阶层。孔子所拥有的这一套儒家思想，使得我们全民族形成了文化认同，让中华民族虽然历经沧桑，但一直是一个大一统的国家。

所以，中国传统文化所拥有的智慧是值得我们每个人用特别长的时间去学习的，无法衡量是不是应该学三个小时“牛顿”，学一个小时“孔子”，没有这样的类比。

当然，学习传统文化也并不妨碍你去学西方科学。我在“樊登读书”分享传统文化，也分享西方的知识。因为其实我们人类的脑容量足够大，我们获得这些好的知识可能占用不了大脑十分之一的空间，没什么好纠结的，好好学就好了。

我在“樊登读书”分享过《有限与无限的游戏：一个哲学家眼中的竞技世界》（*Finite and Infinite Games*），这本书的作者詹姆斯·卡斯（James P. Carse）是一位纽约大学的教授。书的推荐人是凯文·凯利（Kevin Kelly），他说这本书改变了他对生活、宇宙和其他一切事物的看法。

这个世界上有两种游戏，一种是有限的游戏，一种是无限的游戏。

所有有限的游戏都是以取胜为目的的，有限的游戏具备明确的终结，还需要有资格，就是要被许可，最后往往是为了获得一个头衔……有限的游戏是在界限内的游戏，遵从游戏的规则。所有玩有限游戏的人随时都可以离开这个游戏，但问题是我们经常遮蔽了自己离开游戏的自由。

那么，什么是“无限的游戏”？无限的游戏是以延续游戏为目的的，所有玩无限游戏的人都不希望游戏结束。比如孔子，他的人生结束了，但是他的人生一直在进行。无限游戏是自由参加，没有时空边界。我们中国有一个词非常有智慧，叫“薪火相传”，就是火种不能灭。人在不在不重要，重要的是事情有没有延续下来，变得更厉害了，游戏的边界有没有被拓展是参与这件事的人最在乎的。

如果你想变成和韩鹏杰老师一样的人，止步于此，这就是一个有限的游戏，你还没有找到无限游戏的感觉。

别崇拜韩老师，韩老师不希望你崇拜他，他肯定更希望你好好读书。当你读《论语》《道德经》《庄子》，和古人沟通越来越多的时候，你自己就会活得更洒脱、更愉快！

一个人的修炼最终一定会反映在自己的生活上，而不是反映在口头上，说“我要向韩鹏杰学习，我要成为那样的人”。

不是这样的，如果你真成了那样的人，你一看就是那样的人，所以不要给自己加这样的偶像包袱。

成长关键词：教育分歧

夫妻教育孩子有分歧，总是引发矛盾，该怎么办？

问题

我有一个问题是关于家庭关系的，我和老公常因为孩子的教养问题发生争论。我通过学习明白了，教育好孩子的前提就是家庭关系要好，而且夫妻关系比亲子关系更重要。

我们的分歧总是以孩子为中心，我老公经常很焦虑，经常挑孩子的一些小毛病，我却觉得不是什么大问题。比如，孩子有点儿身体上的小毛病，我老公就会认为很严重。我也有一点担心，但没有那么明显。

孩子 6 岁了，老公的焦虑倒没有在孩子身上反映出很严重的问题，只是偶尔尿床。

我是“樊登读书”的会员，我推荐他加入“樊登读书”，但他不听。

樊登解答

这个问题很普遍，大多数家庭都是以孩子为中心的。实际上，给孩子带来最大安全感的是：父母有自己的生活，父母有自己的追求，父母的人生在孩子看来是很棒的，孩子才会对人生充满了希望。

第一个方法：“樊登读书”讲过的书对你先生一定有帮助。

他现在不知道自己的问题其实是有知识可以解决的，才会觉得自己不要听那些“没用”的东西。实际上，他得听过了才知道有没有用。你可以在开着车的时候，和他一起听一听“樊登读书”讲的书。

《你的生存本能正在杀死你》这本书从生理学、遗传学的角度告诉我们，人为什么会对孩子这么焦虑。研究儿童教育的人都知道，大人越焦虑地把全部注意力都集中在孩子身上，就越不利于孩子成长。

焦虑是因为我们体内原始的兽性还在。人从原始社会走过来，靠的就是焦虑。那时的人每天不停地担心山洪暴发、老虎来了等各种各样的事发生。

你先生得理解他的焦虑来源，才能知道自己的焦虑是过分了，慢慢地调整自己的教育方法。如果父母天天用焦虑的方式对待孩子，孩子就永远不知道自己该朝哪儿走。他只能随着你们的指挥棒走，你们推一下，他动一下，这是让人非常痛苦的一件事。

第二个方法：要想改变现状，我推荐你和你先生来一次“关键对话”。

用《关键对话：如何高效能沟通》这本书教的逻辑、步骤，跟你先生谈话。要和他塑造共同目标，比如说，“我俩都希望能让这个家变得更好”，而不是张口就吵架。吵架代表着双方根本没有塑造共同目标。脾气不好的时候，你可以尝试先道歉，说：“对不起，我刚刚的表述可能不太对，我重新说一下。”

这样，有助于维护良好的谈话氛围。你先生看到你读了这么多书以后，人发生了改变，他才能相信读书这件事。他一直不相信你的推荐，很有可能是因为他觉得你读了那么多书，反正也没什么变化，还白花家里的钱。

第三个方法：换一个角度想，就算你先生改变不了，那你要怎么做？

你可以自己先变得放松一点儿，家里有一个人那么操心就够了。你可以开心地去干自己的事，开心地把自己的生活经营得更好。

所有人改变世界最长的路径就是想通过别人来改变这个世界，而改变这个世界最短的路径就是通过改变自己来改变。

如果你自己变得放松了，改变了很多，你的孩子和先生都能够感知得到。

以上是三种不同层次的解决问题的逻辑，都可以试一下。

成长关键词：正面反馈

孩子体质弱，但又不爱运动，家长应该怎么办？

问题

我的孩子是个男孩，6 岁了，他身体很弱，但是不爱运动。我之前和他商量，让他报运动训练班，他都不愿意。我怎样才能让他多运动起来，增强他的体质？我本人很爱运动，但工作很忙，周末才可以和他在一起做做运动。

樊登解答

能提出和孩子相关的问题，体现了你的一种责任感。《忙碌爸爸也能做好爸爸》（*Fathering from the Fast Lane：Practical Ideas for Busy Dads*）里有一种方法，叫“创造黄金时间”。也就是说，爸爸虽然很忙碌，但每周可以和孩子在一起，有能够记得住的你和他在一起的时光，比如玩一些只有男人才能一起玩的游戏。孩子周围大部分都是女人，外婆、妈妈、阿姨都是女性，爸爸可以帮孩子增加阳刚之气。

关于运动，就是要多给他鼓励。小孩子有一个特点是有了正面反馈，他就会愿意运动。小孩子都挺怕挫败的，干一件事挫败了以后，就觉得不好玩了。

我儿子打乒乓球就是这样，他一开始跟我打，总打不着球，就生气说不想玩了！ 练了一段时间后，他打得越来越好，现在水平挺高了，偶尔还能赢我几个球。我和他的一次对话令我印象深刻，他说：“爸爸，你还记得当年你刚教我打乒乓球的时候吗？”我说：“我记得，打和平球的时候。”他说：“那时候，我差点儿就不愿意打乒乓球了。如果当时不打，会多遗憾！”

孩子会感受到学习的乐趣，爸爸要多去培养孩子的正面反馈。在他表现好的时候鼓励他、肯定他，给他一些赢的机会。慢慢地，他才会对一些运动感兴趣。

不要去放大他不喜欢运动这件事，如果孩子真的身体差，也不能随意让他运动，要听医生的，等他恢复得差不多了，慢慢来，别为这件事焦虑。当父母对一件事焦虑时，孩子就会对这件事敏感，他改变起来就比较困难。

运动本身是一件开心的事，带孩子运动更是一件开心的事。用开心去驱动，而不要用焦虑、痛苦、吼叫去驱动。

成长关键词：二孩家庭

二宝出生后，大宝非常失落，我该怎么办？

问题

我有两个儿子，小儿子才 4 个月。在我小儿子出生到现在的这段日子里，我大儿子变化很大。自从有了弟弟之后，他一下“变小了”，什么事情都需要别人帮他去做，特别黏妈妈。因为妈妈还得照顾小弟弟，他觉得自己特别委屈。我想跟他沟通，他却总是拒绝，和我发生冲突。有时候，他还把我锁在门外。

我现在只能不说话，想等他愿意沟通的时候再沟通，可是我总等不到这个时间。我不知道怎么做能更好一些。在生二胎之前，是和他沟通过的，说要带来一个新成员到这个家庭，有更多人来爱他。

樊登解答

有一个心理学家告诉了我一套流程。在生小孩子之前，要对大孩子说："爸爸妈妈很爱你，你表现得特别好，我们要给你一个特别的礼物，他陪你的时间比我们陪你的时间还要长，是你的弟弟或者妹妹。"

随着肚子里的孩子越来越大，你要让大孩子参与进来，让他去照顾这个新成员，要去摸肚子，感觉小孩子的胎动。

生孩子的那一天，要准备两个礼物，一个礼物给小的，一个礼物给大的。把两个礼物都给大孩子，说："这个礼物是祝贺你成为哥哥，你今天要成为哥哥了。这个是用来迎接弟弟或妹妹的，你来负责迎接他（或她）。"让他拿着两个礼物，和大人一起去医院。见到弟弟（妹妹）的时候，让他把礼物给弟弟（妹妹），说："欢迎你来咱们家。"这一刻，这两个孩子之间就会建立起连接。大孩子会感觉到有个小弟弟（妹妹）是件快乐的事，因为他得到了一个非常难忘的礼物。

以上是理想状态，如果学习了这样的方法，孩子就会更平稳地过渡。如果做不到，我们要做到的是始终尽量照顾两个人的情绪。

大孩子会觉得家里的人都在忙着照顾小孩子。有的亲戚看孩子的时候，说的话非常糟糕。他先看小的，看完之后，看到老大，就对大孩子说："你完了，你爸妈不要你了。跟我走吧，跟我走吧。"他本意是和孩子开玩笑，但这是吓唬孩子，会给孩子带来很大的心理阴影。这个孩子就觉得自己都要被带到别人家了，产生紧张的情绪。所以要和亲戚们沟通，不要说这样的话。万一有人说了这样的话，要立刻制止，去安抚大孩子，这样才会让大孩子感觉没有被忽略。

接下来，就是让大孩子参与到照顾小孩子的过程中，让他来帮忙。对孩子讲话是有技巧的，如果你说“来，帮妈妈做什么什么事”，孩子就会说“我不去”。如果你说“愿意成为妈妈的帮手吗”，效果会更好，名词要比动词好用得多。这就是和孩子沟通的小技巧。让孩子参与进来，让他体会到照顾弟弟的成就感，父母要及时给他做二级反馈。

这个阶段肯定会过去，只要你们处理得当。不得当的情况是，全家人都把这个现象视作一个麻烦，这样大孩子就会知道，这个方法最容易获得大人的注意力。他就会不断地尝试用这个方法，让这件事变得停不下来。

所以，我们不要把这个现象视作一个麻烦，不要因此而焦虑，要更多地发现大孩子的亮点，更多地鼓励、肯定他，塑造他的行为，对他表示感谢！

这样的话，孩子就更容易走出他的焦虑期，感受到父母对他和对弟弟一样，兄弟俩都享有父母的爱。在孩子感觉失落的时候，可以买礼物，让孩子开心一下。

成长关键词：表达爱

夫妻长期分居面临离婚，如何与孩子沟通？

问题

我本人在北京工作，孩子的爸爸和我不在一起。我有个女儿在老家读书，我没办法把她接到身边来。她现在是 7 周岁，上一年级，我现在不知该怎样更好地和她沟通父母要分开这件事。

樊登解答

我当然倡导父母跟孩子在一起了，这是最佳的选择。但是，如果条件有限，实在没有办法解决这个问题，我们也不需要把问题放得那么大，把痛苦强调得那么严重。解决不了的问题我们不要管，先放到一边，我们就在能解决的范围之内，看怎样能做得更好！

不要给孩子营造一种“伤春悲秋”的感觉，作为妈妈，让孩子感受到生活的美好是至关重要的。想办法让孩子明白：爸爸和妈妈就算不在一起了，这也是大人之间的事情，和孩子没有任何关系；确定的事实是爸爸妈妈对孩子的爱是没有丝毫改变的，两个人对孩子是永远有爱的。

人们总是过于强调父母对孩子的陪伴太重要，父母一旦做得不好，会对孩子造成很大的伤害。但实际上，孔子成长于单亲家庭，孟子成长于单亲家庭，王阳明也基本成长于单亲的环境。再想想那些在战乱中父母双亡的孩子，难道他们一定不会成长得很好吗？

所以，就算是父母没有与孩子亲密相处过，这个孩子也一样可以健康地成长。核心是什么？核心是，这个孩子是如何看待父母和自己的关系的。

我遇到过一个没有父母的孩子，他说妈妈在天上照顾着他。当他能够这样去看待这件事情的时候，一样可以感受到来自妈妈的爱。

如果我们在家里不断地强调父母不在身边，对孩子说“你看你妈都不在身边，真可怜”，这样的话听多了，孩子慢慢会认同这种感觉。但是，如果你告诉他“妈妈不管在哪儿，都是爱你的，咱们每周都通话”，孩子同样能感受到你的爱。

有很多家庭，妈妈跟孩子在一起，却天天伤害孩子，对孩子造成的伤害也不比别人少。

以上是不能陪在孩子身边时，所要完成的建设。

至于妈妈不知道该怎样和孩子沟通，是因为没有意识到父母到底要干些什么事。大家似乎天然地认为做父母就是要管着孩子，让他不要干这个，不要干那个。整天告诉孩子不要干什么，却并不知道父母真的最需要干什么。

首先，在家庭教育中，爱和边界都是要有的。在建立边界的过程中，最核心的原动力首先是要不遗余力地表达爱，让孩子知道父母永远爱他、永远支持他，这是最重要的一点。其次，让孩子建立价值感，让他感受到他为家所做的贡献，为社会所做的贡献，他在努力地进步，别人能够看得到。最后，要帮助他理解学习过程中所遇到的困难，培养终身成长的心态。

我推荐三本书：《你就是孩子最好的玩具》《如何培养孩子的社会能力》《读懂孩子的心》。这三本书对父母会有帮助，能让一个妈妈感受到乐趣，而不是迷茫得像一个走错了路，迷了路，还没有回家的小女孩。

大人可以做的事其实很多，不要因为自己陷入情感的低谷，就忽略了跟孩子沟通，而需要拿出更多的时间来陪孩子聊天。

成长关键词：坚定信念

女人想更好地照顾孩子只能辞职做全职太太吗？

问题

全职太太在家可以更好地陪伴孩子成长，但就没有经济来源了。可是出去工作，就不能把我最好的时间用来陪伴孩子。我现在的工作是美容导师，会面临出差这类问题，我要怎样权衡才能达到更好的状态？

樊登解答

Facebook（脸书）的高管谢丽尔·桑德伯格（Sheryl Sandberg）写过一本书《向前一步》(*Lean in: Women, Work, and the Will to Lead*)，我在《读懂孩子的心》里分享过这本书。桑德伯格把事业比喻成马拉松，开始跑的时候，就有人给男人打气——“加油，坚持下去”，但女人听到的则是不同的声音：

“你知道你并不是非得这么做。”跑得越远，给男人加油的声音就越大：“坚持，你必须坚持！”女人听到的却是越来越多的质疑声。

外界的声音，内心的声音，都在不断地质疑她们坚持跑下去的决定，甚至还会出现反对声。正当女性努力承受激烈竞争带来的外界压力时，旁观者却大声喊道：“家里的孩子需要你照顾，你为什么还在跑？”

所以，社会总喜欢问女性是怎么平衡好工作和生活的，但是从来不问男性这个问题。当有人问一个女人“你怎么平衡好你的工作和生活”时，她其实可以反问：“你为什么不去问问那些男性是怎么做的？”

我们长期以来对女性角色的设定使得大量的女性过早地退出了职场，但实际上现在全世界劳动力紧缺，大量的女性接受的是跟男性同样的教育，而很多工作又不需要靠力气去搬东西……有的女性却过早地退出了职场，其实这是整个社会的损失，也造成了家庭巨大的负担。

女性可以根据自身的情况调整工作时长，有人一直工作到怀孕七八个月都有可能。我们中国有“坐月子”的传统，那么坐完月子之后，就可以上班了。母亲跟孩子的连接如何体现？母亲每天晚上总得回家，要给孩子喂奶，总可以跟孩子说话、聊天……在上班的时候，如果有人在家负责照顾孩子，就是没有问题的。不要过度内疚才是核心。

现在的工作种类多种多样，也充满了各种各样的机会。比如，美容导师要去巡店，要给别人讲课，但如果不做这个工作，你在家里说不定能赚更多的钱。你可以给人做远程的美容顾问，写对大众有益的有关美容的文章，或者做一个微商的品牌也可以。女性在家照样可以创造大量的财富和价值。

我太太就在创业，她是做美容产业的，平时比我忙。有人问过我："你有自己的事业，干吗还要让你老婆去创业？你俩都不照顾家怎么办？"

我说我太太是一个独立的人，她当然可以有自己要发展的事业，想实现的梦想。她想实现自己的价值，我怎么能因为自己希望有个人照顾家，就把她关在家里说"我给你钱，你哪儿都不要去"，谁有权力做这样的事情？

所以，如果每个人都能足够尊重他人、尊重女性、尊重自己，这个问题就不是问题。这是一件我们自己完全可以做出选择的事。对于女性来说，你的内心只要不屈服，其实就简单多了。

成长关键词：换种角度看问题

学校的作业太多，老师、校长不靠谱怎么办？

问题

我是一名初中生，现在学校的作业太多了，压力很大。老师都不按照国家的规定给我们少留一些作业，我们作为学生是没有办法反抗的。我想知道面对这样一个问题，我们可以做些什么？

樊登解答

我不太敢随便评论现在的作业状况，因为我不知道具体情况。我上学的时候，虽然也觉得作业多，但我总能完成。

老师布置的作业，如果你抓紧时间做，能完成吗？你觉得做那些题有帮助吗？如果少做一半的话，你的成绩会下降吗？你觉得知识点都已经掌握了的话，可不可以去跟老师谈一谈？去跟老师说："我把知识点掌握了就可以了，你让我考试就行，我对我的成绩负责。"

如果所有的办法都不可以，那么，唯一的办法就只能是努力做，学会更快地写作业了。比如和同学互相抄一下，你做前半段，同学做后半段，互换一抄，反正你少做一半，你的成绩也不会受到影响。

我们无法改变这些东西的时候，也没有必要觉得气馁，我们可以把它们当作人生很有意思的背景和剧本。

我们有一个同事，他讲过他的高中时光。早上只有五分钟起床时间，然后，他们跑到操场上去，每个学生必须拿一个本子去晨读。学校用探照灯照射着整个操场。我说那是不是读完了以后回去洗脸、刷牙，他说，学校没有安排洗脸、刷牙的时间。

最让我意外的是——他在回忆这段时光的时候很快乐，他说特好玩。孩子的适应性是非常强的。这个同事说，这都无所谓，还是挺好的。他进这个学校复读的时候，只能上"三本"，复读了一年考上了"一本"，现在心理很健康，工作得也不错。

苦中作乐是特别有意思的一件事。学校毕竟不是集中营，无法组织孩子抄作业，你可以用各种各样的方法来解决。当然，最重要的是：你要为自己的未来负责。抄作业是不是能保证你的成绩还是很好？假如你抄着抄着发现好像不行，成绩下去了，就应该再去做作业。试试看，找一点儿有效的方法来应对。把这些当作一个有趣的成长背景，将来你长大了，或者有了孩子，你可以跟他吹牛，说"我当年是这么过来的，你试过吗"……

你看，我现在跟你比就弱多了，我那时候没那么多作业，所以我都不好意思跟你吹牛，人生少了一块儿资本。

所以，换一种角度来看待这个问题，可以把校长和老师看作漫画里的卡通人物，他们是你成长的记忆，你人生中最美好的青春时光就是跟这些人一起度过的。要是没有了这些元素，就不是你现在的故事了。

成长关键词：保护孩子

老师对孩子粗暴，应该怎么办？

问题

我女儿的老师态度特别粗暴，女儿特别害怕他。这个老师还向学生扔书包，如果孩子哭了，他就指着孩子喊："少给我来这套！"孩子就更害怕了。

遇到这样的老师，家长应该怎么沟通？因为我私底下找班主任沟通过，班主任特别诧异，说不会这么严重吧，哪有那么严重。

樊登解答

在生活中，我也遇到过类似的老师。

教学相长，老师接受来自家长和学生的反馈也是应该的，大家可以一起去跟校长谈。谈的时候要列举出事实，谈事实是非常重要的。BIC（Behaviour Impact Consequence）是一种非常有效的工具。BIC 指的是行为、影响和结果。说行为的时候要说事实，不要说观点。难点在于，人们在沟通的时候往往分不清事实和观点。

比如："小张，你最近经常迟到。"这是观点。"我看了一下上周的考勤记录，你在上周有三次迟到记录。"这就是事实。

在和校方的沟通中，如果你张口就滔滔不绝地说观点，不管怎么样，校方首先都会保护自己，这样对你并不利。你要学会说话的技巧，把事实列出来。比如："那天，我看到老师冲一个学生扔书包，把书包从窗口扔了出去。"

接下来，要跟对方的利益挂钩，谈"我担心会影响到什么"。你可以说："我认为这不利于学校的声誉，万一出了大事，把孩子吓坏了，或者出什么样的危险，可能你也担不起这责任。"这时候，让校长和班主任重视这件事情，去解决问题。

如果有的老师不太善于控制自己的情绪，那么我们要通过对话的方式去争取权益，不要用吵架的方式、闹事的方式、拉横幅的方式。

为什么不能这样？因为用这种过激的方式去处理问题，会给孩子造成更大的影响——孩子在跟大人学习处理问题的方法，他学来学去发现闹事管用。他长大了，也会用闹事的方法来解决问题。所以，大人要用沟通的方法心平气和地讨论。

你找班主任沟通，他有以上的反馈就是因为你在沟通的时候前期没有说足够多的事实。

以上是大人之间的沟通。对孩子的保护，是要对孩子解释这种情绪，让孩子理解，别人的脾气这么大，别人发脾气是别人的错，并不是孩子的错。如果孩子经常被老师这么骂，他就容易觉得自己是个坏孩子，觉得是自己不对，接下来就会“动作变形”。

大人要保护好孩子，就要告诉孩子：如果老师发脾气，老师失控了，那是老师不对，你不用特别内疚；你跟脾气大的人沟通，你要注意些什么；有什么方式能够保护好自己，不要被他伤害。

我上学的时候，有个美术老师，我就被他“教育”了。我在课堂上拿着笔，笔从桌子上“骨碌骨碌”地滚下来，我觉得很好玩，拿起来再滚一下，又“骨碌”滚下来了。这时，“嘭”的一声，一个黑板擦就砸了过来。

这是一个铁板擦！从我脑袋上弹出去，把桌子砸了一个坑。我当时吓傻了，我到现在还记得那个老师。

孩子的适应能力很强，即便在班上遇到那么厉害的老师，大家照样能私下拿这样的事开玩笑。

最怕的是孩子的内心受到了伤害，这是家长要关注的事情，一定要帮孩子解决。借这个机会教会孩子怎样跟那些脾气坏的人打交道，其实也是一个不错的方法。

成长关键词：给予善意

发现班上单亲的孩子自虐，我该怎么办？

问题

我是一名老师。学校有单亲家庭的孩子。我发现有一个孩子自虐，我很难过。平常我会告诉孩子“爸爸和妈妈不在一起了，也照样爱你们”，但除了这样沟通之外，我想问一下，我还可以做一些什么，我想帮帮孩子。

樊登解答

我们要不断地向这个社会强调，单亲家庭不是问题。

如果整天强调这一点，就会给孩子带来大量的心理负担。现在离婚率很高，单亲家庭很多。没有任何证据表明，单亲家庭的孩子就一定成长得不好。

核心的问题在于一个家是不是缺少爱，有的家庭，父母都在，却也有孩子自虐的情况。你觉得他疼，但他需要的就是这种感觉，疼的感觉能给他带来快感。

《身体从未忘记：心理创伤疗愈中的大脑、心智和身体》让我们读完后明白了一个人为什么会自虐，而在成长过程中，养育者的长期虐待和忽视，会让一个孩子在将来难以建立与别人相互信任的人际关系。

当一个孩子伤心、绝望，被伤害后内心特别痛苦的时候，他需要的是聊天、关爱、鼓励，要有耐心。

这样的孩子很容易叛逆，你对他很好，他可能反而会做出一些行为反复的事。电影《心灵捕手》（*Good Will Hunting*）讲的是一个教授如何帮助非常叛逆的孩子，让他慢慢走回正轨。

除了给他爱、耐心、等待，我们其实没有特效药。

要相信你作为一个老师起到的作用，不亚于一个家长。我妈妈当老师的时候，我还在上小学。她班里有一个孩子，是个孤儿，在他姑姑家住。他姑姑家里的孩子很多，照顾不到他。这个孩子上学的时候，手上都是冻疮，学习也不好。

我妈的办法就是照顾这个孩子，给他织手套、找衣服穿，把他带回家吃饭。后来，这个孩子成长得很健康。他长大了后，也有了很好的工作，和我妈妈保持了一辈子的良好关系。

所以，作为一个老师，不要强调家庭背景对孩子的影响，这会让孩子压力巨大。在这样的情况下，即便有机会变好，他也会放弃，因为变好了，就不是别人口中的单亲家庭的孩子了。而单亲家庭给了他一个很好的借口，尤其在青春期的时候，还没有建立独立、完整的自尊体系，他很容易找借口说“我不行，我是单亲家庭的孩子，所以我做不好”。他就朝着不好的方向走了，毕竟学习是一件需要力量的事情。

我们能做的事，就是给他爱，让他感觉被爱、有家。有家的感觉未必就一定要和父母在一起，桑德拉·布洛克（Sandra Bullock）演过一部电影《弱点》（*The Blind Side*）。电影里有一个黑人男孩，学习成绩很差，遭受了很严重的家庭暴力，在学校还被人嘲笑。桑德拉·布洛克饰演的老师就把这个又高又壮，看起来很危险的男孩带回家，给他家的感觉。后来发现这个孩子有一个特长：只要有危险，他就会第一时间扑过去，保护别人。

老师觉得这是一个特别会保护东西的特长，就送他去打橄榄球。他保护球、保护队友特别好，成了美国著名的橄榄球明星。这是根据真人真事改编的电影。当一个孩子有了家的感觉，找到了归属感，感受到了有人关爱他，哪怕这份爱不是来自自己的父母，而是来自自己的一个小学老师，或者来自自己的邻居，他依然会过得很幸福。

在此，我也呼吁——我们每个人都有机会接触这样的孩子，我们不要只是感慨，或者对自己的孩子说“他多可怜，你多幸福”，我们不是只生活在自己的小家里。一个陌生人的善意，也有可能会改变孩子的一生，我们要力所能及地做一些有爱的好事来对待他们。

成长关键词：仁者不忧

我是一名老师，碰到不好相处的家长，该怎么做？

问题

我是一名幼师，我想把全部的爱都给孩子们，但是在工作中发现很多时候都会被瞎指挥影响，变得束手束脚。比如，孩子在幼儿园玩耍的时候，可能稍微有一点点伤，家长就会特别生气，在幼儿园大闹三天三夜！这对幼儿园的管理是特别不好的。

这样一来，幼儿园更想要的是孩子们安静、安全，孩子们每天在幼儿园的生活就是站好、坐好。这样对孩子的成长非常不好。我夹在中间不知道应该怎么做才能对孩子更好，同时对我的工作能力也有一些提高。

樊登解答

家长这么做，是因为他根本不知道他大闹三天三夜，对孩子造成的伤害要比受的伤大得多。

对你个人而言，要考虑的是，能换个幼儿园吗？如果不能换，是否考虑自己办个幼儿园？我这样问，是基于我们要解决社会上的问题，基本上都是从影响圈开始做的，就是在自己能影响的部分，看自己能做些什么事，而不是把目光投向关注圈，想那些自己改变不了的事，觉得自己无能为力，什么问题也解决不了。

如果我们花很大的力气在让人无力的关注圈上，就会发现没办法，怎么做都没用。比如，园长不给力，家长也闹。但我相信，有这种大闹三天的家长，一定也会有不闹的家长。我们要在生活中努力地感受不闹的家长所带来的反馈。

对那些大闹的家长，如果你在心中能够知道他们其实也是孩子，当你怀着这种关爱的心情来看待这些看起来不可理喻的人时，你才能成为一个了不起的老师。

一个了不起的老师未必是一个名气有多大的老师，了不起的老师就是你的内心装着对他人的关爱，你的行为就会逐渐影响那些家长。如果你不是改造了一个孩子，而是把一个大闹的家长改造好了，我觉得这更有意义和价值。

你的园长，你可以去沟通，多推荐他听一下“樊登读书”讲过的书，也可以和他探讨一下你的理念，甚至可以问问他，可不可以一起到别的城市的幼儿园去参观、去学习。假如以上你都做不到，你最起码要把你的班带好。如果有条件，想办法自己去开办一个小小的幼儿园、早教班。

所有的无力都来自关注不能解决的东西。力量来自你身边还有这么多事可干，觉得可干的事很多，随便干点儿什么都能够带来那种传达爱的感觉。

最后，我给你讲一个案例。我当年在《今晚博客》做主持人的时候，有一期我做了一个节目，采访一个韩国人，他在沈阳开了一个儿童福利院，专门收养脑瘫儿童。有同事提醒我，问问题，让被采访的人落泪。

落泪对节目的收视率来说是有用的，比如问出对方最难的时候、想家的时候、最艰苦的时候。结果，特别出乎我的意料，被采访的人从被采访开始到最后一直是高高兴兴的。想想看，照顾一个健康的孩子，很多人都觉得很累，要照顾脑瘫或有其他疾病的孩子会更累，但是我采访的时候，对方高高兴兴的，没有丝毫悲悲戚戚。

这给我的冲击极大，后来，我在《论语·子罕篇第九》中看到：子曰：‘知者不惑，仁者不忧，勇者不惧。’”

孔夫子说的“仁者不忧”，也给了我很大的启发。我想，当你的心里装的是孩子和家长时，你就是没有忧愁的，你会觉得这些人都蛮有意思的，都需要帮助。但是，如果我们内心并没有装着他们，只是觉得“为什么我受到了不公平对待 ，为什么我这么倒霉，为什么我陷入了这样的困境”，忧愁就会随时跟随着你。所以，一个人的忧愁多少取决于他对“我”的看法有多大：心中的“我”越大，烦恼就越多；心中的“别人”越大，烦恼就越少。

仁者不忧。希望能够帮到你。

成长关键词：三根支柱

未来教育和未来学校会是什么样的呢？

问题

我是一名老师，我很想听您描述一下您心中的未来教育和未来学校是什么样的，以及作为老师应该如何应对未来的变化。

樊登解答

我出生在一个教育家庭，我爸爸是数学老师，我妈妈是语文老师，所以我从小就是看他们整天如何教学上课的。等我开始做“樊登读书”以后，我发现很多老师和家长缺乏基本的教育学原理的训练，比如把一个孩子的成长当作一个简单的机械结构在拼凑。

世界上有两种体系，一种是简单，另一种是复杂。“简单”就像造一辆汽车一样，用拼凑起来的方式来完成一项研究，学习就是数学＋语文＋英语＋政治＋跳绳。但是，人是一个复杂的体系，你根本不知道这个孩子因为哪一句话变成了一个不一样的人，无法掌控。有的孩子数学、语文都学得很好，最后却变成了一个坏人，或者变成了一个心理有问题的人，给社会造成了很大的麻烦。

怎样能把复杂体系的教学引到培养每个孩子身上呢？复杂的形态也是有底层逻辑的，就像人类的进化靠的是三条：遗传，变异，选择。作为人的成长，那简单的三行代码到底是什么？我个人的感受是，首先，孩子心中要有坚定的无条件的爱。其次，这个孩子要有价值感，他要知道自己能够给自己和他人创造价值，是对这个社会有用的人。最后，是终身成长的心态，他能够知道遇到困难和挫折正是自己成长的机会。

如果能建立起这三根支柱，孩子遇到任何困难、任何问题，都是可以努力去解决的！怎么才能让我们大量的家长了解到这一点？出版《陪孩子终身成长》就是一种方法，做“樊登读书”也有这个目的。

关于未来的教育，我觉得有一个方向，就是从学校转向家庭。因为学校的教育占的比重会变得越来越小，人需要终身学习。过去，我们认为一个人学到高中毕业差不多就能就业了，大学毕业算文凭很高了，但现在大学毕业基本说明不了任何问题。比如，单位里来了一个大学毕业生，你不敢马上放心地把工作交给他，还是得慢慢教。

对学生的教育模式会变成一对一的形式，而不是一对多。每一个学生都可以有一台 AI（人工智能），在学生做题的时候给出反馈。我儿子现在就已经在利用这种方式学习了，他觉得这样学奥数的速度真是太快了，因为这只针对他个人。一个班上，不同的学生就可以有完全不同的进度。学校变成了一个启发和玩的地方，学校的老师的工作就是布置任务，学生去完成、去学习。有同一兴趣的同学组成一个小组，大家一块儿探索、一块儿学习。谁准备好高考就去参加，一个小学六年级的孩子如果说“我想参加高考了”，那就让他去好了，让每个孩子的潜力都得到提前释放和爆发。在过去一个世纪里，人类智商测验的分数逐年显著提高。既然人的智商在不断地进步，教育的方法也应该不断地进步。千万不要低估了孩子身上的潜力。

面对这样的变化，有的老师会退出历史舞台。实际上，任何行业都有可能面临调整。例如，北京有些收停车费的人力就被机器取代了，有的房地产开发商研究用机器人盖楼，机器人砌砖、取砖抹灰、砌墙，在高强度、高效率、误差小等方面，拥有建筑工人所不具备的优势。

在教育领域，有的教师有可能会受到人工智能的冲击，但好的教师是难以被替代的！我们很难指望一个机器跟孩子聊了两句话后，孩子突然精神振奋，说“这台机器把我启发了”“这台机器让我觉得我想成为一个了不起的人”，这太难了！

所以，通过老师这样的工作来点亮孩子的心灵，来让孩子提高情商，来增强孩子的沟通能力、团队协作能力，这都是短期内难以被机器替代的。

老师的岗位要求，更多的是要研究教育学、心理学，并跟上前沿的教学模式。最重要的是要有爱，爱是最重要的，就像电影《放牛班的春天》（*Les Choristes*）里表达的那样。我把这部电影推荐给所有老师，在“放牛班”里，暴力催生的是反抗，惩罚也只是让孩子们一错再错，而唯有爱能创造奇迹。《放牛班的春天》让我们知道一位老师的价值可以有多大，人的价值到底有多大，爱的价值终将有多大。

成长关键词：内疚感

定居大城市无法照顾父母，很内疚，怎么办？

问题

中国有句古话，“父母在，不远游”，可现在，女孩子远嫁，不能兼顾父母。我妈妈一个人在老家生活，我不能照顾她，很内疚，怎么办？

樊登解答

你说的古话，出自《论语》中的《里仁》的一篇。原文是：“子曰：‘父母在，不远游，游必有方。’”孔子的意思是父母在世时，尽量不出远门。但是，后面还有一句“游必有方”，就是说你要到远方的时候，得告诉父母你要去哪里。因为那时候没有电话，哪怕是从鲁国到齐国，可能爸妈都找不到孩子了，这是不孝。现在有电话联系，所以不是什么大问题，你要解决的问题是内心的内疚感。真正折磨你的不是父母不在身边，有的父母愿意在老家，但子女觉得自己好像没做对。

背后的动因是，有的孩子在成长过程中，被家人用内疚感控制过和操纵过。比如，有的妈妈说："你不在我身边，我多委屈、多可怜，孩子离我这么远，我怎么办……"如果母爱是用这样的方式表现出来的，孩子就会过得越幸福，内心越痛苦。比如买了大房子，心里想的却是这么大的房子，我妈都没住上。这种感觉会让孩子很难受。

在这种情况下，孩子可以去读《母爱的羁绊》和《这不是你的错：海灵格家庭创伤疗愈之道》。妈妈如果对女儿造成了伤害，会是长期的。比如，妈妈向女儿抱怨，让女儿内疚。她甚至会选择让自己痛苦，而让女儿内疚。

要知道爱是传承，爱不是对等的。父母给了孩子生命，但是孩子不能还给父母生命，因为父母要离开这个世界的时候，孩子根本拉不住。父母给你的爱，你可以再给孩子，一代一代地传承下去。

爸妈不可怜，因为他们有他们的爸妈。你不需要内疚，你要谢谢他们给你的一切。要做一些自己力所能及的事情，比如父母生病的时候要去照顾，帮他们安置养老机构。

父母如果愿意来大城市，你欢迎，不愿意来，就不要勉强。人不要为了弥补自己的内疚感，做很多让父母不高兴的事。我见过很多人对父母说："我必须得让你去旅游，你不去我就和你吵。”这是为什么呢？因为父母不去旅游，孩子就不舒服。那么，我们想想看，这个孩子是要干啥？是为了让父母去旅游，还是让自己心里舒服？很多时候，我们做太过分的事，是想让自己心里舒服，而不是考虑对方要什么。

我见过一个大学的老师，他当时很痛苦，觉得对不起他妈妈。他妻子只要和他妈妈发生一点儿口角，他就哭，就难过。心理医生说他妻子其实没问题，她在自己的家庭说话本来就是很大声的，所以她习惯了。他妻子特别阳光，说“没事，我们家挺好的”。但他受不了，就哭，他的内疚感太严重了。他妈妈也许没什么痛苦的，但是他这么内疚，就导致了他妈妈很难受。

如果你把一件事看得特别重，总难过，你也会暗示你的妈妈，让她觉得痛苦。实际上，她在农村，在熟悉的环境中，生活得很自如。你可以考虑为她请一个保姆，或者找条件好的养老机构。未来，中国一定会有这样的发展方向。

后　记

本书共九章，前八章是分享我们应该怎样教孩子的，我们应该怎样帮助孩子建立复杂体系的支柱。如果父母学会并应用践行，相信你的孩子会活得非常幸福，因为孩子有了会教育的父母。第九章分享了我对大家生活中的关系问题的解答。

如果你自身没有那么幸运，有很多创伤，也要相信创伤就是财富。能从这些创伤中找到进步的机会的话，你的生命依然可以迸发出很多能量。

最后，要改善你和你父母的关系，让你真的成为一个被爱的人，你才有足够的能量去改变这个社会，改变你自己。

希望这本书能进入千家万户，帮助更多的人。

我尤其担心的是很多特别需要帮助的人看不到这本书。

我恳请读者，如果您感觉这本书有效、有帮助，请尽量多地把这本书介绍给身边的朋友。

希望大家能帮我们推荐给其他的人。

谢谢。

参考文献

[1] 达娜 · 萨斯金德，贝丝 · 萨斯金德，莱斯利 · 勒万特 – 萨斯金德 . 父母的语言：3000 万词汇塑造更强大的学习型大脑 [M]. 任忆，译 . 北京：机械工业出版社，2017.

[2] 梅拉妮 · 米歇尔 . 复杂 [M]. 唐璐，译 . 长沙：湖南科学技术出版社，2018.

[3] 于尔根 · 奈佛 . 爱因斯坦传 [M]. 马怀琪，陈琦，译 . 北京：中央编译出版社，2018.

[4] 沃尔特 · 艾萨克森 . 列奥纳多 · 达 · 芬奇传 [M]. 汪冰，译 . 北京：中信出版社，2018.

[5] 阿德勒 . 自卑与超越 [M]. 杨颖，译 . 杭州：浙江文艺出版社，2016.

[6] 卡罗尔 · 德韦克 . 终身成长 [M]. 楚祎楠，译 . 南昌：江西人民出版社，2017.

[7] 日野原重明 . 活好：我这样活到 105 岁 [M]. 甘茜，译 . 北京：人民邮电出版社，2018.

[8] 马克 · 沃林恩 . 这不是你的错：海灵格家庭创伤疗愈之道 [M]. 田雨馨，译 . 北京：机械工业出版社，2017.